# NACIONALIZAÇÃO
# Necessidade e Possibilidades

CONTRACORRENTE

GILBERTO BERCOVICI
JOSÉ AUGUSTO FONTOURA COSTA

# NACIONALIZAÇÃO
# Necessidade e Possibilidades

São Paulo

2021

CONTRACORRENTE

**Copyright © EDITORA CONTRACORRENTE**
Alameda Itu, 852 | 1º andar |
CEP 01421 002
www.loja-editoracontracorrente.com.br
contato@editoracontracorrente.com.br

EDITORES
Camila Almeida Janela Valim
Gustavo Marinho de Carvalho
Rafael Valim

Coordenação de projeto: Juliana Daglio
Revisão: Graziela Reis
Revisão técnica: Lisliane Pereira
Capa: Mariela Valim
Diagramação: Fernando Dias

EQUIPE DE APOIO
Fabiana Celli
Carla Vasconcelos
Fernando Pereira
Lais do Vale
Valéria Pucci
Regina Gomes

Dados Internacionais de Catalogação na Publicação (CIP)
(Câmara Brasileira do Livro, SP, Brasil)

Bercovici, Gilberto
    Nacionalização : necessidade e possibilidades /
Gilberto Bercovici, José Augusto Fontoura Costa. --
São Paulo : Editora Contracorrente, 2021.

    Bibliografia
    ISBN 978-65-88470-58-9

    1. Direito internacional 2. Nacionalização
(Direito internacional) 3. Propriedade (Direito
internacional)
I. Costa, José Augusto Fontoura. II. Título.

21-69966                CDU-341

Índices para catálogo sistemático:

1. Direito internacional    341

Maria Alice Ferreira - Bibliotecária - CRB-8/7964

@ @editoracontracorrente
f Editora Contracorrente
🐦 @ContraEditora

# sumário

SOBRE OS AUTORES         7

INTRODUÇÃO         9

CAPÍTULO 1– A soberania econômica         17

CAPÍTULO 2 – O Estado como vetor do
atraso: as políticas de desmonte         25

CAPÍTULO 3 – O bloqueio da Soberania e o
Direito Internacional         53

CAPÍTULO 4 – A retomada do desenvolvimento
e a nacionalização         75

REFERÊNCIAS BIBLIOGRÁFICAS         103

# sobre os autores

**GILBERTO BERCOVICI** é Professor Titular de Direito Econômico e Economia Política da Faculdade de Direito da Universidade de São Paulo. Professor do Instituto Brasileiro de Ensino, Desenvolvimento e Pesquisa (IDP) e do Programa de Pós-Graduação em Direito da Universidade Nove de Julho – Uninove. Doutor em Direito do Estado e Livre Docente em Direito Econômico pela Universidade de São Paulo. Advogado.

**JOSÉ AUGUSTO FONTOURA COSTA** é Professor de Direito do Comércio Internacional da Faculdade de Direito da Universidade de São Paulo. Professor da Universidade CEUMA (São Luís - MA) e da Faculdade de Direito de Sorocaba. Doutor e Livre Docente em Direito Internacional pela Universidade de São Paulo. Pesquisador do CNPq. Advogado.

# introdução

A noção básica de nacionalização aponta para um processo de transformação de algo que não é nacional em nacional. Seu uso mais frequente refere a transferência compulsória de direitos da titularidade de um sujeito não estatal para o Estado ou entidade sob seu controle. Não obstante, é possível cobrir a criação *ab ovo* de direitos para o Estado, sem haver qualquer transferência. Nessa última hipótese, deve-se ter em conta a potencial redução ou extinção do campo de exercício de direitos de titularidade diversa da do Estado. É o que ocorre, por exemplo, quando, ao converter a educação em serviço público, o Estado limita o exercício de atividades de associações religiosas nesse campo, mesmo em face de sua eventualmente longa preexistência.

A última hipótese – criação de novo direito a favor do Estado ou entidade por ele controlada – é a conceitualmente mais abrangente, pois abarca a da transferência de direito. Para todos os fins, nada se perde logicamente pela substituição de uma noção de "transferência" para a da simultânea extinção de um direito (ou de um feixe de direitos) e a criação de direitos com igual conteúdo para o Estado. Sempre que se verifique tal situação no campo exclusivo do direito interno, a supremacia do interesse público sobre o privado e o âmbito legítimo de exercício da soberania admitem e abarcam plenamente tal substituição.

Essa constatação é um passo necessário para a desnaturalização da discussão das nacionalizações. Em primeiro lugar, afasta a ideologia da imanência dos direitos de propriedade como definidos na tradição privatista. Parte do serviço já foi feito dentro dessa mesma corrente, pois hoje já não se propõe uma relação entre o sujeito e a coisa, mas a imposição jurídica positiva de um dever de omissão *erga omnes*. Evidencia-se, portanto, a pura e simples inexistência da propriedade fora do direito; da necessidade de empregar autonomamente a violência ou submeter-se à proteção de detentores de meios de coerção para retirar os frutos e produtos da terra.

A propriedade é funcional, não é natural. Sua configuração presente é fruto de arranjos históricos específicos, não a pura e simples continuidade da *ratio scripta* romana. A desconstituição do emaranhado

# INTRODUÇÃO

dos vínculos feudais – senhoriais e servis – serve a uma economia de produção do excedente em decorrência do aumento de produtividade possibilitado pela especialização e, portanto, está na base da transformação do capitalismo de mercantil para industrial, pois é condição necessária da acumulação pressuposta pela produção do capital fixo e da oferta ampliada de insumos. Nesse sentido, e apenas nesse sentido, a defesa dos direitos de propriedade concentrados no domínio é razoável, enquanto melhor solução histórica para a questão da produtividade.

Isso é coerente com a solução mais corrente do problema da "tragédia dos comuns": ao atribuir a administração de um recurso a um único gestor, pressupostamente racional, este promoverá seu máximo aproveitamento, enquanto o acesso coletivo tende a drenar desordenadamente os recursos em razão de as unidades privadamente apropriáveis serem seus frutos e produtos presentes, mas não os futuros. O problema da superexplotação, portanto, revela novamente o caráter funcional dos direitos de propriedade: a possibilidade de incremento da produtividade em razão da gestão racional de recursos. Curiosamente, esse mesmo argumento pode ser discursivamente empregado tanto para apoiar políticas liberais (basta indicar o dono e as coisas funcionam por si próprias), quanto para justificar a administração centralizada no Estado de recursos naturais.

# GILBERTO BERCOVICI
## JOSÉ AUGUSTO FONTOURA COSTA

Ao destituir a propriedade privada e instaurar o controle estatal, portanto, não se faz nada estranho ao Direito, nem às funções econômicas da organização jurídica. Isso faz sentido tanto para a propriedade da terra, quanto à de bens móveis e de qualquer direito intelectual, mesmo que eventualmente denominado de "propriedade".

Os recursos naturais já estão, em muitos casos, sob domínio estatal formal e apenas se transferem para outros titulares mediante sua produção, entendida como extração efetiva do recurso. Nesse caso, a nacionalização não recai sobre direitos de propriedade, mas sobre autorizações, permissões e concessões públicas. Aqui a desnaturalização já não é necessária, pois a atribuição ao Estado da titularidade sobre os recursos naturais é praticamente impossível de ser contestada na imensa maioria dos ordenamentos jurídicos nacionais.

O Estado, pressupondo sua finalidade de promoção do bem comum, deve cuidar da efetivação da oferta de bens coletivos e controlar a atividade privada de maneira a maximizar os benefícios e a equanimidade de sua distribuição. Por isso deve: (a) regular setorialmente a atividade não estatal de modo a privilegiar os benefícios comuns; (b) oferecer serviços e bens cuja viabilidade não se dá sem sua atuação, seja por oferta direta, mediante entidade sob seu controle ou mediante entidade contratada ou

# INTRODUÇÃO

financiada para tanto e devidamente fiscalizada; e (c) realizar atividade que em razão do interesse público (segurança nacional, manutenção da soberania, projeto de desenvolvimento nacional, etc.) seja reservada, *de jure* ou *de facto,* ao exercício estatal. A oferta de bens e serviços que depende de contribuição estatal mediante atuação direta, indireta ou contratualmente mediada já é, em princípio, nacional e, portanto, não faz sentido se falar em sua nacionalização.

No campo da normatização das atividades setoriais há sempre a possibilidade de reduzir o alcance dos negócios de sujeitos já instalados e que participam profissionalmente da oferta dos bens e serviços. Não se trata, aqui, da revogação de concessão. Trata-se da restrição e regulação da oferta, como quando, por exemplo, se exige determinados padrões de embalagem ou de constituição mínima dos produtos. Haverá, nesse caso, nacionalização se: (a) a normatização exigir o caráter público do produtor ou prestador do serviço ou se (b) as exigências postas correspondam *de facto* a uma exclusividade de oferta pelo Estado ou entidade por ele controlada.

Antes de tudo, a nacionalização é parte normal do funcionamento do Direito e, enquanto exercício da soberania estatal, não pode ser limitada legislativamente, embora o possa ser em patamar constitucional. Sua construção normativa depende da extensão que se queira dar aos direitos de sujeitos não estatais

– inclusive os de entidades controladas pelo Estado. Em seu estado puro ela é admissível *ad nutum* e sem qualquer compensação. Conforme se pretenda dar mais garantias aos sujeitos não estatais, são introduzidos requisitos tanto na hipótese, compreendida como a descrição de um conjunto mínimo de circunstâncias fáticas que autorizam uma nacionalização lícita (como o interesse público e a ausência de discriminação), quanto no regime, entendido como o conjunto de consequências jurídicas da nacionalização para o titular do direito extinto/transferido (como a exigibilidade de compensação). Resta, porém, compreender o sentido e as vantagens e desvantagens das possíveis hipóteses e regimes, o que não precisa ser feito mediante critérios gerais, mas admite modulações setoriais, temporais etc., sempre à conveniência do Estado.

O debate sobre nacionalização ou a possibilidade de renacionalizar ou reestatizar certos setores estratégicos vem crescendo no país, apesar do boicote dos grandes meios de comunicação, da oposição dos setores econômicos e políticos beneficiados com o desmonte do Estado brasileiro e de seus bem remunerados consultores e prestadores de serviços jurídicos e do desejo irresistível de parcela da classe política brasileira de se mostrar dócil, confiável e subserviente aos grandes grupos econômicos estrangeiros. O objetivo deste pequeno livro é justamente

# INTRODUÇÃO

demonstrar que não só as nacionalizações são necessárias, como não há óbice legal algum para a sua implementação, seja no direito brasileiro seja no direito internacional. A decisão sobre nacionalizar ou não determinado setor ou bens é uma decisão política, isto é, ela necessita de apoio popular e político, mas não enfrenta, ao contrário do que afirmam os grupos contrariados com as nacionalizações e seus asseclas, nenhum obstáculo jurídico.

# capítulo 1
## a soberania econômica

A soberania econômica é relativa. Como o sistema capitalista mundial é um sistema hierarquizado, cada país percebe a soberania econômica a seu modo. Na potência hegemônica, por exemplo, o debate sobre soberania econômica é quase inexistente. Já para os países periféricos, em que se compreende o subdesenvolvimento como um fenômeno de dominação, como uma realidade histórico-estrutural, simultânea, e não como uma etapa prévia ao desenvolvimento, a questão da soberania econômica é fundamental, pois diz respeito à autonomia das decisões de política econômica e à percepção de suas limitações e constrangimentos internos e externos.

Segundo Celso Furtado, os fins do desenvolvimento devem ser fixados pela própria sociedade nacional. No entanto, a vontade política para orientar e favorecer as transformações econômicas e sociais é indispensável para impulsionar e conduzir o processo de desenvolvimento endógeno. Um dos objetivos desse processo é a homogeneização social, com a garantia da apropriação do excedente econômico pela maior parte da população. O desenvolvimento endógeno exige também a internalização dos centros de decisão econômica, a dinamização e a integração do mercado interno, com grande ênfase para o desenvolvimento tecnológico.[1]

A soberania econômica nacional, prevista formalmente no artigo 170, I da Constituição de 1988,[2] pretende viabilizar a participação da sociedade brasileira, em condições de igualdade, no mercado internacional, como parte do objetivo maior de garantir o desenvolvimento nacional (artigo 3º, II do texto

---

[1] FURTADO, Celso. *Desenvolvimento e subdesenvolvimento*. 5ª Ed. Rio de Janeiro: Contraponto/Centro Internacional; FURTADO, Celso Furtado. "Políticas para o desenvolvimento". 2009, pp. 213-216; FURTADO, Celso. *Brasil:* a construção interrompida. 2ª Ed. Rio de Janeiro: Paz e Terra, 1992, pp. 11, 28, 32-35 e 85.

[2] Artigo 170, I da Constituição de 1988: "*A ordem econômica, fundada na valorização do trabalho humano e na livre iniciativa, tem por fim assegurar a todos existência digna, conforme os ditames da justiça social, observados os seguintes princípios: I - soberania nacional*".

# CAPÍTULO I - A SOBERANIA ECONÔMICA

constitucional),[3] buscando a superação do subdesenvolvimento.[4] O mercado interno, por sua vez, foi integrado ao patrimônio nacional (artigo 219, *caput* da Constituição),[5] como um corolário da soberania econômica nacional. O significado desse dispositivo é justamente a endogeneização do desenvolvimento tecnológico e a internalização dos centros de decisão econômicos, seguindo o programa de superação do subdesenvolvimento proposto por Celso Furtado e pela CEPAL (Comissão Econômica para a América Latina) e incorporados no texto constitucional de 1988.

Afinal, desde as concepções da CEPAL, entende-se o Estado, através do planejamento, como o principal promotor do desenvolvimento. Para desempenhar

---

[3] Artigo 3º, II da Constituição de 1988: *"Constituem objetivos fundamentais da República Federativa do Brasil: II - garantir o desenvolvimento nacional"*.

[4] BERCOVICI, Gilberto. "Os princípios estruturantes e o papel do Estado". *In:* CARDOSO Jr., José Celso (org.). *A Constituição Brasileira de 1988 revisitada:* recuperação histórica e desafios atuais das Políticas Públicas nas áreas econômica e social. Brasília: IPEA, vol. 1, 2009, pp. 272-279.

[5] Artigo 219, *caput* da Constituição de 1988 (redação original): *"O mercado interno integra o patrimônio nacional e será incentivado de modo a viabilizar o desenvolvimento cultural e socioeconômico, o bem--estar da população e a autonomia tecnológica do País, nos termos de lei federal"*.

# GILBERTO BERCOVICI
## JOSÉ AUGUSTO FONTOURA COSTA

a função de condutor do desenvolvimento, o Estado deve ter autonomia frente aos grupos sociais, ampliar suas funções e readequar seus órgãos e estrutura. O papel estatal de coordenação dá a consciência da dimensão política da superação do subdesenvolvimento, dimensão esta explicitada pelos objetivos nacionais e prioridades sociais enfatizados pelo próprio Estado. As reformas estruturais são o aspecto essencial da política econômica dos países subdesenvolvidos, condição prévia e necessária da política de desenvolvimento. Coordenando as decisões pelo planejamento, o Estado deve atuar de forma muito ampla e intensa para modificar as estruturas socioeconômicas, bem como distribuir e descentralizar a renda, integrando, social e politicamente, a totalidade da população.

O controle nacional sobre os recursos naturais estratégicos, particularmente os recursos minerais e o petróleo, também decorre da ideia de soberania econômica. A disputa sobre a manutenção da nacionalização do subsolo ou o favorecimento ao capital estrangeiro no setor de mineração foi intensa durante a Assembleia Nacional Constituinte.[6] A Constituição de 1988, ao determinar que a propriedade do

---

[6]   PEREIRA, Osny Duarte "A questão mineral na constituinte". *In:* GUERREIRO, Gabriel *et al. Constituinte:* a Nova Política Mineral. Brasília, CNPq, 1988, pp. 99-169.

# CAPÍTULO I - A SOBERANIA ECONÔMICA

subsolo e dos bens minerais é da União (artigos 20, IX e 176, *caput*)[7], consagra o processo de nacionalização do subsolo iniciado em 1934.[8]

A soberania energética é um componente essencial da soberania econômica nacional, pois abrange um setor chave da economia do país. O Estado deve tomar decisões autônomas sobre a produção e destino dos seus recursos energéticos, planejando o seu desenvolvimento e evitando a dependência tecnológica e de fatores externos para a produção de energia. Desse modo, o controle estatal sobre as fontes de energia consiste em um eixo central de um projeto democrático em que a política macroeconômica esteja a serviço dos interesses nacionais, além de poder propiciar um planejamento energético de longo prazo.[9]

---

[7] Artigo 20, IX da Constituição de 1988: "*São bens da União: IX - os recursos minerais, inclusive os do subsolo*". Artigo 176, *caput* da Constituição de 1988: "*As jazidas, em lavra ou não, e demais recursos minerais e os potenciais de energia hidráulica constituem propriedade distinta da do solo, para efeito de exploração ou aproveitamento, e pertencem à União, garantida ao concessionário a propriedade do produto da lavra*".

[8] RIBEIRO, Nelson de Figueiredo. "As macroperspectivas do Direito Minerário a partir da Nova Constituição". Revista de Informação Legislativa, n° 102, 1989, p. 70; SOUZA, Washington Peluso Albino de. *Teoria da Constituição Econômica*. Belo Horizonte: Del Rey, 2002, pp. 121-123, 465-466 e 500-501.

[9] BERNAL, Federico. Petróleo, Estado y soberanía: hacia la empresa multiestatal latinoamericana de hidrocarburos. Buenos

Visando garantir essa soberania energética, a constitucionalização do monopólio do petróleo foi mantida e ampliada pela Assembleia Nacional Constituinte de 1987-1988. Durante os trabalhos da Assembleia, chegou-se, inclusive, a propor a monopolização da distribuição dos derivados de petróleo, permitindo-se, no entanto, a concessão a empresas privadas com maioria de capital nacional. No entanto, a articulação dos setores conservadores no chamado "Centrão" conseguiu retirar o monopólio estatal da distribuição dos derivados de petróleo do texto na votação em primeiro turno do projeto de constituição. Apesar da retirada da distribuição de derivados, todas as demais atividades componentes do monopólio estatal do petróleo foram mantidas, assim como o monopólio sobre o gás natural. Além disso, reagindo à política dos contratos de risco do regime militar, a Assembleia Nacional Constituinte proibiu expressamente a realização de novos contratos dessa natureza.[10]

---

Aires: Biblos, 2005, p. 31 e FEROLLA, Sergio Xavier; METRI, Paulo. *Nem todo o petróleo é nosso*. Rio de Janeiro: Paz e Terra, 2006, pp. 23-25 e 77-87.

[10] Artigo 177 da Constituição de 1988 (redação original): "*Constituem monopólio da União: I — a pesquisa e a lavra das jazidas de petróleo e gás natural e outros hidrocarbonetos fluidos; II — a refinação do petróleo nacional ou estrangeiro; III — a importação e exportação dos produtos e derivados básicos resultantes das atividades*

## CAPÍTULO I - A SOBERANIA ECONÔMICA

O quadro jurídico internacional, por seu turno, também é consistente com a manutenção da soberania econômica e plenamente compatível com as políticas desenvolvimentistas. A soberania econômica é garantida por vários instrumentos internacionais, com destaque para a Resolução 1803 (XVII) da Assembleia Geral das Nações Unidas, onde se reconhece tal princípio como derivado da própria Carta das Nações Unidas, e para a Carta de Direitos e Deveres Econômicos dos Estados, aprovada pela Assembleia Geral das Nações Unidas em 1974. Em termos gerais, o direito internacional é bastante zeloso da manutenção integral da soberania dos Estados e admite, obviamente, formas de organização econômica que variam da Coreia do Norte ao Chile.

---

*previstas nos incisos anteriores; IV — o transporte marítimo do petróleo bruto de origem nacional ou de derivados básicos de petróleo produzidos no País, bem assim o transporte, por meio de conduto, de petróleo bruto, seus derivados e gás natural de qualquer origem; V — a pesquisa, a lavra, o enriquecimento, o reprocessamento, a industrialização e o comércio de minérios e minerais nucleares e seus derivados. § 1° — O monopólio previsto neste artigo inclui os riscos e resultados decorrentes das atividades nele mencionadas, sendo vedado à União ceder ou conceder qualquer tipo de participação, em espécie ou em valor, na exploração de jazidas de petróleo ou gás natural, ressalvado o disposto no art. 20, § 1°. § 2° — A lei disporá sobre o transporte e a utilização de materiais radioativos no território nacional".* Vide, ainda, SOUZA, Washington Peluso Albino de. *Teoria da Constituição Econômica*, pp. 464-465.

## GILBERTO BERCOVICI
## JOSÉ AUGUSTO FONTOURA COSTA

Por conseguinte, nada há no direito internacional que impeça a adoção das políticas desenvolvimentistas alinhadas com as necessidades brasileiras e o espírito da Constituição Federal de 1988. Não se pode, com seriedade, afirmar haver impedimentos constitucionais ou internacionais a uma retomada do desenvolvimento por meio de políticas nacionalistas e articuladas pelo Estado, possivelmente a única saída para o desmonte que vem sendo promovido no país.

# capítulo 2
# o Estado como vetor do atraso: as políticas de desmonte

A partir dos anos 1980 e 1990, com a crise da dívida externa, o neoliberalismo e a crise de financiamento do Estado, a política industrial autônoma ou soberana teve que ser abandonada para que os países latino-americanos fossem admitidos na nova ordem mundial da globalização neoliberal. A aplicação das teses neoliberais na América Latina foi imposta pelo chamado "Consenso de Washington", um programa de dez instrumentos de política econômica e fiscal sintetizado pelo economista John Williamson: disciplina fiscal, reordenação e controle rígido dos gastos públicos, reforma tributária, liberalização das taxas de juros, liberalização das taxas de câmbio, liberalização do comércio, liberalização dos investimentos estrangeiros, privatização de empresas estatais, desregulação econômica e garantias efetivas aos direitos de propriedade.[11] O apoio das elites brasileiras às políticas neoliberais do "Consenso de Washington" gera o paradoxo, segundo José Luís Fiori, de um discurso liberalizante proveniente dos grandes beneficiários

---

[11] WILLIAMSON, John. "What Washington means by policy reform". *In:* WILLIAMSON, John (org.). *Latin American Adjustment:* how much has happened?. Washington: Institute for International Economics, 1990, pp. 7-17 e WILLIAMSON, John. "A short history of the Washington Consensus". *In:* SERRA, Narcis; STIGLITZ, Joseph E. *The Washington Consensus Reconsidered:* towards a New Global Governance. Oxford/New York: Oxford University Press, 2008, pp. 14-17. Williamson, em texto publicado em 2008, nega, no entanto, qualquer vinculação à ideologia neoliberal ou ao fundamentalismo de mercado, justificando sua posição como defesa de políticas macroeconômicas disciplinadas, da economia de mercado e da liberalização do comércio. A auto desvinculação de Williamson do neoliberalismo ocorreu após a *débacle* da Argentina, em 2001. Crise esta, inclusive, que Williamson faz questão de afirmar que teria ocorrido justamente pelo fato de a política econômica argentina ter, em sua opinião, se afastado das prescrições do "Consenso de Washington". Vide WILLIAMSON, John. "A Short History of the Washington Consensus". *In:* SERRA, Narcis; STIGLITZ, Joseph E. *The Washington consensus reconsidered:* towards a New Global Governance. Oxford/New York: Oxford University Press, 2008, pp. 16, 20-23 e 29-30.

# CAPÍTULO II - O ESTADO COMO VETOR DO ATRASO: AS POLÍTICAS DE DESMONTE

da "ineficiência" estatal. Ao fazerem isso, confundem a reforma do Estado com a simples redução do tamanho do setor público, destruindo o aparato estatal e abandonando a perspectiva de internalização dos centros de decisão econômica pela associação subordinada ao mercado internacional.[12]

A adoção das políticas ortodoxas de ajuste fiscal e a implementação das medidas de redução do papel do Estado na economia e de atração de investimentos estrangeiros fez com que se tornasse necessário garantir determinadas medidas de política econômica mesmo contra as maiorias políticas, gerando um processo de reformas constitucionais em vários países, cujo objetivo, na síntese de David Schneiderman, foi "constitucionalizar a globalização econômica". Com a garantia dos investimentos constitucionalizada e a retórica sobre "segurança jurídica", "regras claras", "respeito aos contratos", "Estado de direito" (ou *rule of law*) sendo utilizada contra qualquer atuação estatal que contrarie os interesses

---

[12] FIORI, José Luís. "Reforma ou sucata? O dilema estratégico do Setor Público brasileiro". *In*: FIORI, José Luís. *Em busca do dissenso perdido*: ensaios críticos sobre a festejada crise do Estado. Rio de Janeiro: Insight, 1995, pp. 113-116 e BIONDI, Aloysio. *O Brasil privatizado*: um balanço do desmonte do Estado. São Paulo: Editora da Fundação Perseu Abramo, 1999, pp. 6-18.

econômicos dominantes, instituiu-se um fenômeno denominado "blindagem da constituição financeira", ou seja, a preponderância das regras vinculadas ao ajuste fiscal e à manutenção da política monetária ortodoxa que privilegia os interesses econômicos privados sobre a ordem constitucional econômica e as políticas distributivas e desenvolvimentistas. Esse fenômeno ocorre em um contexto de estado de exceção econômico permanente, em que se utilizam as medidas emergenciais a todo o momento para salvar os mercados, caracterizando uma subordinação do Estado ao mercado, com a exigência constante de adaptação do direito interno às necessidades do capital financeiro, que busca reduzir a deliberação democrática ao mínimo necessário, como se esta fosse uma mera formalidade.[13]

O processo de privatização tem por finalidade reduzir a atuação do Estado, passando para o setor privado atividades ou áreas de atuação até então objeto de controle e atuação públicos. Em termos

---

[13] BERCOVICI, Gilberto; MASSONETTO, Luís Fernando. "A Constituição dirigente invertida: a blindagem da Constituição Financeira e a agonia da Constituição Econômica", *Boletim de Ciências Económicas*, vol. XLIX. Coimbra, 2006, pp. 69-77 e SCHNEIDERMAN, David. *Constitutionalizing Economic Globalization:* investment rules and democracy's promise. Cambridge/New York: Cambridge University Press, 2008, pp. 3-17, 25-108, 208-213 e 223-237.

# CAPÍTULO II - O ESTADO COMO VETOR DO ATRASO: AS POLÍTICAS DE DESMONTE

jurídicos, a privatização ocorre quando a gestão de atividades de titularidade ou de propriedade públicas for transferida para entes privados, geralmente por meio de concessão, delegação ou autorização. Além dessa forma, a privatização se manifesta na abertura ao setor privado, parcial ou total, do capital social de empresas cuja titularidade pertence ao Poder Público. Nesse último caso, o Estado pode continuar a deter a maioria do capital social ou pode se tornar minoritário ou até mesmo sair da composição acionária. Em geral, essa última modalidade, a que transfere a titularidade dos meios de produção do setor público para o setor privado, não apenas a sua gestão, é entendida como a privatização propriamente dita.[14]

---

[14] REIGADA, Antonio Troncoso. *Privatización, Empresa Pública y Constitución*. Madrid: Marcial Pons, 1997, pp. 42-47 e OTERO, Paulo. *Privatizações, reprivatizações e transferências de participações sociais no interior do Sector Público*. Coimbra: Coimbra Ed., 1999, pp. 11-20. Vide, ainda, STARR, Paul. "The meaning of privatization", Yale Law & Policy Review. vol. 6, n. 1, 1988, pp. 13-18. Para Kahn e Minnich, a privatização é um esforço propositadamente concertado entre empresas privadas, nacionais e estrangeiras, para debilitar, limitar, reduzir ou tomar o controle de qualquer parte do setor público que esteja no caminho da obtenção de maiores lucros por parte das corporações privadas ou que possa gerar lucros. Cf. KAHN, Si; MINNICH, Elizabeth. *The fox in the henhouse:* how privatization threatens democracy. San Francisco: Berrett-Koehler Publishers, 2005, pp. 4-7.

# GILBERTO BERCOVICI
## JOSÉ AUGUSTO FONTOURA COSTA

O Estado vem sendo reconfigurado por linhas pró-mercado. Muitos igualam o governo privatizado com diminuição de custos e maior eficiência. Não por acaso, em diversas ocasiões, a privatização é justificada pelo discurso da redução da dívida pública. Um governo pró-mercado seria apolítico, com a utilização de instrumentos tecnocráticos para uma atuação mais racional. No entanto, um Estado orientado para o mercado continua a ser um Estado, como bem lembra Jon D. Michaels. E, em um Estado, a questão central diz respeito ao poder político. Por isso, a privatização deve ser compreendida como um fenômeno político, não meramente econômico. Com a privatização, não há uma retirada ou diminuição do papel do Estado, mas uma reestruturação do Estado no sentido de garantir primordialmente determinados interesses econômicos privados.[15] O

---

[15] STARR, Paul. "The meaning of privatization", Yale Law & Policy Review. vol. 6, n. 1, 1988, pp. 20-32 e 38-41; SCHAMIS, Hector E. *Re-forming the State:* the politics of privatization in Latin America and Europe, reimpr., Ann Arbor, The University of Michigan Press, 2005, pp. 5-7, 177-182 e 187-190 e MICHAELS, Jon D. *Constitutional coup:* privatization's threat to the American Republic. Cambridge (Ma.)/ London: Harvard University Press, 2017, pp. 10-11. Para a defesa da privatização como forma de reduzir os gastos governamentais, vide BUTLER, Stuart. "Privatization: a strategy to cut the budget", Cato Journal, vol. 5, n. 1, 1985, pp. 326-335. Sobre o neoliberalismo como um projeto conduzido pelo

## CAPÍTULO II - O ESTADO COMO VETOR DO ATRASO: AS POLÍTICAS DE DESMONTE

argumento da iniciativa privada ser superior e mais eficiente do que a atuação estatal só faria sentido se houvesse a redução de preços e a melhoria na prestação de serviços ao consumidor. Em geral, nas privatizações não houve desmonopolização ou promoção da concorrência, mas a simples substituição de monopólios públicos por monopólios privados. A experiência internacional está repleta de casos em que grupos privados econômica e politicamente poderosos utilizaram as privatizações para se beneficiar e obter mais vantagens econômicas, em detrimento da maioria da população.

A fusão entre mercado e poder político torna a gestão governamental uma espécie de negócio politizado (*"politicized business"*), marginalizando os interesses populares e conduzindo as responsabilidades governamentais por caminhos e interesses privados, longe do controle público. O resultado é um Estado potencialmente abusivo que concentra o seu poder para atuar na defesa de interesses particulares. O Estado como ente voltado ao interesse público, no entanto, foi tão esvaziado que até mesmo podemos ter perdido a capacidade,

---

Estado, vide MITCHELL, William; FAZI, Thomas. *Reclaiming the State:* a progressive vision of sovereignty for a post-neoliberal world. London: Pluto Press, 2017, pp. 98-125.

infraestrutura e conhecimento para recuperar o que foi terceirizado ou comercializado. O resultado é a deslegitimação completa do aparato estatal, visto meramente como um ônus e não como a estrutura necessária para a organização política das relações econômicas e sociais.[16]

Se o governo, em qualquer dos seus níveis (federal, estadual ou municipal), resolver desapropriar a propriedade de algum particular para realizar um empreendimento público qualquer, como uma estrada ou uma obra viária, o cidadão que sofre a desapropriação tem uma série de direitos e garantias. Afinal, no Estado de Direito o ordenamento jurídico tutela o proprietário privado no seu enfrentamento contra o Poder Público com garantias e exigências que devem ser cumpridas inexoravelmente em um processo de desapropriação. A própria indenização ao desapropriado é uma dessas garantias, expressa desde as primeiras declarações de direitos das revoluções liberais dos séculos XVII (Inglaterra) e XVIII (Estados Unidos e França).

---

[16] MICHAELS, Jon D. *Constitutional coup:* privatization's threat to the American Republic. Cambridge (Ma.)/London: Harvard University Press, 2017, pp. 11-13. Vide, ainda, STARR, Paul. "The meaning of privatization", Yale Law & Policy Review. vol. 6, n. 1, 1988, pp. 34-38.

## CAPÍTULO II - O ESTADO COMO VETOR DO ATRASO: AS POLÍTICAS DE DESMONTE

Não há, no entanto, nenhuma garantia ou proteção jurídica aos cidadãos quando o governo decide transferir ao setor privado determinados bens da coletividade, como uma empresa estatal, a prestação de um serviço público ou a exploração de um bem público. Pelo contrário, a privatização é considerada uma opção absolutamente livre e legítima para os governos adotarem, sem qualquer tipo de contestação. A expropriação dos bens privados, por sua vez, é considerada quase um tabu. A grande mídia exalta os privatizadores e condena veementemente aqueles que ousam estatizar, nacionalizar ou recuperar bens públicos transferidos inadequadamente aos privados. Para aqueles, o paraíso da boa governança e o aplauso do "mercado". Para estes, o inferno do populismo (ou bolivarianismo, a depender do caso) e da reprovação unânime dos meios de comunicação de massa.

O que ninguém diz é que ao privatizar uma empresa estatal ou qualquer parcela do patrimônio público, o governo está expropriando a população de bens públicos que são de sua titularidade. Simples assim. Na privatização, o governo age do mesmo modo que na expropriação. Da mesma forma que desapropria uma propriedade privada, na privatização o governo aliena a propriedade pública. O problema é que o proprietário privado pode contestar e tem garantias, o povo não.

Todo processo de privatização é uma expropriação de bens que deveriam integrar permanentemente o patrimônio público de todos os cidadãos, decidida por uma autoridade política que exerce o poder temporariamente. No processo de privatização, o governo não vende o que é dele (governo). Na privatização, o governo vende o que pertence a todos nós. E sem nos consultar sobre isso.

Podemos ilustrar a situação com o exemplo utilizado pelo jurista italiano Ugo Mattei:[17] autorizar que um governo venda livremente os bens de todos para fazer frente às suas necessidades contingentes e conjunturais de política econômica ou fiscal é tão irresponsável quanto consentir, no plano familiar, que o zelador venda os bens de maior valor da casa, como a prataria, o carro ou os eletrodomésticos, para suprir suas necessidades particulares, como viajar nas férias ou pagar uma dívida particular.

O governo é um administrador fiduciário, ou seja, atua apenas sob mandato. Não pode dispor dos bens públicos ao seu bel-prazer. O governo não é proprietário das empresas estatais, ele é apenas seu gestor. O governo deve ser o servidor do povo soberano, não o contrário.

---

[17] MATTEI, Ugo. *Beni comuni:* un manifesto. 3ª Ed. Roma/Bari: Laterza, 2011, pp. V-VII.

## CAPÍTULO II - O ESTADO COMO VETOR DO ATRASO: AS POLÍTICAS DE DESMONTE

Os bens públicos não são facilmente recuperáveis. Os investimentos de imensas quantias, aplicadas de forma planejada a longo prazo, o sacrifício de milhões de brasileiros não pode ser dissipado sem mais, nem menos, para cobrir um déficit conjuntural nas contas públicas gerado pela má gestão e incompetência eventual dos governantes.

O Brasil necessita de uma infraestrutura complexa, capaz de articular as várias regiões do país. A prestação dos serviços públicos de energia e comunicações precisa ser acompanhada de preços básicos, o mais uniformizados possível, e instalações interligadas, para que não se excluam regiões e setores inteiros e importantes da possibilidade de participar do mercado interno e do mercado internacional. Além das filiais das empresas multinacionais, o Brasil era dotado de empresas estatais globais pelo seu tamanho, capacidade técnica, financeira e organizacional para operar tanto no país como no exterior e dotadas de um sistema de planejamento estratégico, que eram responsáveis por grande parte da infraestrutura e do desenvolvimento tecnológico do país: a Companhia Vale do Rio Doce, a Petrobrás, a Eletrobrás e o Sistema Telebrás (em conjunto com a Embratel).

Ao invés de dotar essas empresas de maior capacidade operacional e reforçar o controle público e a transparência sobre seus recursos, o Governo Fernando Henrique Cardoso optou por desmontá-las, cortar seus investimentos e desestruturar suas finanças, a fim de justificar a privatização da maior parte delas. A privatização das empresas estatais significou a desestruturação dos sistemas energético e de comunicações integrados, que eram fundamentais para a manutenção de um mercado interno de dimensões continentais, como o brasileiro, e uma inserção internacional competitiva, não subordinada. A fragmentação das empresas estatais de infraestrutura substituiu, na maior parte dos casos, o monopólio estatal pelo monopólio ou oligopólio privados, além de romper com o planejamento estratégico e integrado da rede de serviços básicos e com um sistema interligado de tarifas cruzadas.[18]

A América Latina reverteu, então, sua estratégia de desenvolvimento, regredindo da industrialização por substituição de importações para a exportação de produtos primários, aproveitando-se de uma elevação dos preços internacionais daqueles produtos agrícolas ou minerais. Com preços internacionais favoráveis, os países latino-americanos aceleraram

---

[18] TAVARES, Maria da Conceição. *Destruição não criadora:* memórias de um mandato popular contra a recessão, o desemprego e a globalização subordinada. Rio de Janeiro: Record, 1999, pp. 125-126, 128-134 e 136-138 e BIONDI, Aloysio. *O Brasil privatizado:* um balanço do desmonte do Estado. São Paulo: Editora da Fundação Perseu Abramo, 1999, pp. 19-29.

## CAPÍTULO II - O ESTADO COMO VETOR DO ATRASO: AS POLÍTICAS DE DESMONTE

seu processo de crescimento baseado na primarização ou reprimarização das exportações. No Brasil, por exemplo, a política de exploração dos recursos minerais e energéticos foi desestruturada nos anos 1990, com o processo de privatização, cuja principal polêmica se deu em torno da venda da Companhia Vale do Rio Doce, em 1997. Com a decisão de privatizar a Companhia Vale do Rio Doce, o Governo Fernando Henrique Cardoso ignorou o papel que a empresa tinha no desenvolvimento regional do país. A Companhia Vale do Rio Doce tinha capacidade autônoma de atrair investimentos e parcerias, além de ser internacionalmente competitiva. A sua política não era exclusivamente voltada à mineração e exportação, mas também articulava espacialmente as várias áreas abrangidas por sua atuação, sendo, na expressão de Maria da Conceição Tavares, um "vetor de dinamização econômica e integração produtiva nacional". O argumento principal utilizado para justificar a privatização, o da necessidade de obtenção de recursos para diminuir a dívida interna do país, não possui veracidade alguma. O Estado brasileiro perdeu parte de sua capacidade autônoma de decisão sobre a política econômica, uma empresa essencial para o planejamento do desenvolvimento nacional e seu grande instrumento de atuação no setor mineral, além de divulgar as informações estratégicas sobre os recursos minerais do subsolo para os competidores

37

# GILBERTO BERCOVICI
## JOSÉ AUGUSTO FONTOURA COSTA

estrangeiros da Companhia Vale do Rio Doce que se habilitaram para participar do leilão de privatização. Com a privatização, as empresas multinacionais ficaram sozinhas na pesquisa e exploração mineral no Brasil.[19] Não por acaso, autores como Paul Starr afirmam que a privatização, no Terceiro Mundo, sempre significa desnacionalização.[20]

Dominada pela lógica mercantil, a mineradora privatizada passou a atuar de forma a maximizar a produção, incorrendo em falhas e omissões que poderiam dar causa a grandes desastres ambientais e humanos. A exploração predatória margeia a legalidade, com a Vale operando no limite da capacidade máxima produtiva – ou além dele. O resultado foram duas das maiores tragédias ambientais da história

---

[19] PINHEIRO, João César de Freitas. *Companhia Vale do Rio Doce:* o engasgo dos neoliberais. Belo Horizonte: Centro de Documentação e Informação, 1996, pp. 19, 42, 86-88 e 111-131 e TAVARES, Maria da Conceição. *Destruição não criadora:* memórias de um mandato popular contra a recessão, o desemprego e a globalização subordinada. Rio de Janeiro: Record, 1999, pp. 147-150. Sobre a história e papel da Companhia Vale do Rio Doce no desenvolvimento brasileiro, vide, ainda, BERCOVICI, Gilberto. *Direito Econômico do petróleo e dos recursos minerais.* São Paulo: Quartier Latin, 2011, pp. 113-114, 139-140, 173, 188-189, 202-204 e 250-251.

[20] STARR, Paul. "The meaning of privatization". Yale Law & Policy Review. vol. 6, n. 1, 1988, p. 32.

# CAPÍTULO II - O ESTADO COMO VETOR DO ATRASO: AS POLÍTICAS DE DESMONTE

brasileira: o rompimento das barragens em Mariana e em Brumadinho, ambos em Minas Gerais, em 05 de novembro de 2015 e em 25 de janeiro de 2019, respectivamente.

Não bastasse isso, a opção adotada pela Vale após a privatização foi a da busca exclusiva da riqueza por meio da exploração dos recursos naturais. Como não é resultante de um processo produtivo, a geração dessa riqueza pode ocorrer independentemente dos demais processos econômicos e políticos que se desenvolvem no país, constituindo um verdadeiro enclave. Além disso, quando proveniente de recursos minerais, a riqueza é originária de fontes não-renováveis, favorecendo processos econômicos e políticos que causam efeitos nocivos na economia nacional. Esse tipo de indústria extrativa tem necessidade de grandes investimentos, geralmente públicos, e permanece como um enclave, mais integrado à economia internacional do que à economia do próprio país. Um enclave de exploração mineral não gera, na terminologia consagrada de Albert Hirschman, nem os encadeamentos anteriores (abastecimento de insumos das atividades não primárias), nem os encadeamentos posteriores (a utilização da produção da atividade como insumo em atividades novas) necessários para a geração de transformações econômicas que caracterizem o processo de desenvolvimento. O fato de permanecer a lógica do enclave acaba prejudicando o estabelecimento de uma indústria mineral adequada e economicamente integrada às necessidades nacionais[21]. Um "polo de extração" não se torna um "polo de desenvolvimento", pelo contrário. A sua influência no restante do sistema econômico nacional é desestruturadora. Essa política extrativista da Companhia Vale do Rio Doce está inserida no contexto maior de uma nova fase de expansão da política de exploração de recursos naturais que foi implementada na América Latina no início do século XXI.

Em 1995, Fernando Henrique Cardoso propôs a "flexibilização" do monopólio da União sobre o petróleo, com o argumento de que haveria carência de recursos para investir na exploração petrolífera. A ampliação das reservas do país seria uma

---

[21] Sobre a economia de enclave, vide HIRSCHMAN, Albert O. "A generalized linkage approach to development, with special reference to staples". *In:* HIRSCHMAN, Albert O. *Essays in Trespassing:* economics to politics and beyond. Cambridge/ New York: Cambridge University Press, 2008, pp. 67-71; GIRVAN, Norman. *Corporate Imperialism:* conflict and expropriation – transnational corporations and economic nationalism in the third world. New York/London: Monthly Review Press, 1976, pp. 11-12, 30-36, 43-46 e 194 e SVAMPA, Maristella. *As fronteiras do neoextrativismo na América Latina:* conflitos socioambientais, giro ecoterritorial e novas dependências. São Paulo: Elefante, 2019, pp. 101-102.

# CAPÍTULO II - O ESTADO COMO VETOR DO ATRASO: AS POLÍTICAS DE DESMONTE

tarefa que não poderia ser exercida mais somente pela Petrobrás. Além disso, o discurso em defesa da proposta de emenda enfatizava a necessidade de a Petrobrás concorrer com outras empresas e, para tanto, a empresa estatal deveria perder a responsabilidade de prover o abastecimento de petróleo e derivados do mercado interno. As funções da Petrobrás precisariam ser separadas das funções da União, que deveria retomar o controle do setor e estabelecer a política nacional do petróleo. Em suma, a exclusividade da Petrobrás como executora do monopólio estatal seria quebrada. A Emenda Constitucional n. 9, de 09 de novembro de 1995, extirpou do texto constitucional a Petrobrás como executora única do monopólio, mas manteve o monopólio da União sobre o petróleo, que pode explorá-lo diretamente ou por meio de concessões a empresas estatais ou privadas, inclusive de capital estrangeiro. O legislador ordinário modificou, assim, um dos princípios ideológicos originários estabelecidos pela Assembleia Nacional Constituinte, consagrando a vitória, pela via da emenda constitucional, dos derrotados na elaboração da Constituição de 1988.[22]

---

[22] Artigo 177 da Constituição de 1988 (redação alterada pela Emenda n. 9/1995): *"Constituem monopólio da União: I — a pesquisa e a lavra das jazidas de petróleo e gás natural e outros hidrocarbonetos fluidos; II — a refinação do petróleo nacional ou estrangeiro; III — a*

## GILBERTO BERCOVICI
## JOSÉ AUGUSTO FONTOURA COSTA

Após a promulgação da Emenda n. 9/1995, foi aprovada a Lei n. 9.478, de 06 de agosto de 1997, que retirou a competência da Petrobrás como única executora do monopólio estatal do petróleo e criou a Agência Nacional do Petróleo (ANP) como responsável pela gestão do monopólio. Embora tenha se comprometido a não privatizar a Petrobrás, com a aprovação da Lei n. 9.478/1997, o Governo Fernando Henrique Cardoso promoveu uma "privatização parcial" da empresa, vendendo cerca de 180 milhões

---

*importação e exportação dos produtos e derivados básicos resultantes das atividades previstas nos incisos anteriores; IV — o transporte marítimo do petróleo bruto de origem nacional ou de derivados básicos de petróleo produzidos no País, bem assim o transporte, por meio de conduto, de petróleo bruto, seus derivados e gás natural de qualquer origem; V — a pesquisa, a lavra, o enriquecimento, o reprocessamento, a industrialização e o comércio de minérios e minerais nucleares e seus derivados. § 1º A União poderá contratar com empresas estatais ou privadas a realização das atividades previstas nos incisos I a IV deste artigo observadas as condições estabelecidas em lei. § 2º A lei a que se refere o § 1º disporá sobre: I — a garantia do fornecimento dos derivados de petróleo em todo o território nacional; II — as condições de contratação; III — a estrutura e atribuições do órgão regulador do monopólio da União; § 3º A lei disporá sobre o transporte e a utilização de materiais radioativos no território nacional".* O artigo 177 seria, ainda, modificado mais duas vezes, pela Emenda Constitucional n. 33, de 11 de dezembro de 2001, acrescentou o § 4º ao artigo 177, e pela Emenda Constitucional n. 49, de 8 de fevereiro de 2006, que alterou a redação do inciso V do *caput* deste artigo. Sobre esta discussão, vide, ainda, SOUZA, Washington Peluso Albino de. *Teoria da Constituição Econômica*. Belo Horizonte: Del Rey, 2002, pp. 523-527 e 546-547.

## CAPÍTULO II - O ESTADO COMO VETOR DO ATRASO: AS POLÍTICAS DE DESMONTE

de ações que estavam sob o controle da União. A participação da União caiu de 82% para cerca de 51% do total de ações com direito a voto. Deste montante, apenas 25% foram adquiridas no Brasil, por 310 mil optantes do FGTS (Fundo de Garantia por Tempo de Serviço). O restante das ações foi vendido para investidores internacionais. Com essa operação, a Petrobrás obteve a incorporação de uma série de acionistas minoritários vinculados ao capital estrangeiro, pagando, segundo Carlos Lessa, dividendos a acionistas residentes no exterior em volumes muitas vezes mais elevados do que os salários ou juros pagos pela empresa. Esta alteração societária tornou a atuação da Petrobrás muito mais voltada para interesses comerciais, não necessariamente estratégicos, do que já vinha sendo até então.[23]

A partir dos anos 2000, uma série de governantes que se afirmaram contra o neoliberalismo foi eleita em toda a América Latina. No entanto, ao invés de restaurarem uma política desenvolvimentista

---

[23] LESSA, Carlos. "Infraestrutura e logística no Brasil". *In:* CARDOSO Jr., José Celso (org.), *Desafios ao desenvolvimento brasileiro:* contribuições do Conselho de Orientação do IPEA. vol. 1. Brasília: IPEA, 2009, p. 92. Vide, ainda, sobre as tentativas de desmonte da Petrobrás nos Governos Fernando Collor e Fernando Henrique Cardoso, BERCOVICI, Gilberto. *Direito Econômico do petróleo e dos recursos minerais.* São Paulo: Quartier Latin, 2011, pp. 243-244 e 251-260.

pela via da industrialização, os governos ditos pós-neoliberais na América Latina continuaram dirigindo sua política econômica para a extração de recursos naturais e consagraram a exportação de produtos primários (*commodities*) como estratégia de desenvolvimento nacional, instaurando uma política que hoje vem sendo denominada de "*Novo Extrativismo*" ("*New Extractivism*"). Não por acaso, autores como Maristella Svampa denominam esse período como "*Consenso das Commodities*", em substituição ao chamado "Consenso de Washington".[24]

O "novo extrativismo" é uma política que combina ativismo estatal e uma estratégia de crescimento fundada na exploração de recursos naturais com o suposto objetivo de ampliar a inclusão social. Para tanto, esses governos entenderam que os recursos naturais seriam uma verdadeira benção, gerando rendas facilmente tributáveis que poderiam ser utilizadas para financiar as políticas sociais. A extração de recursos foi compreendida como uma mera questão da capacidade do Estado regular as operações de mineração ou exploração petrolífera ou o agronegócio para conseguir acordos melhores com as agências

---

[24] SVAMPA, Maristella. *As fronteiras do neoextrativismo na América Latina*: conflitos socioambientais, giro ecoterritorial e novas dependências. São Paulo: Elefante, 2019, pp. 36-43.

## CAPÍTULO II - O ESTADO COMO VETOR DO ATRASO: AS POLÍTICAS DE DESMONTE

financiadoras internacionais e tentar aplicar às empresas regras de controle em relação aos seus impactos sociais e ambientais.[25]

A demanda da China e do Leste Asiático por produtos agrícolas e florestais, combustíveis fósseis e outras fontes de energia e por minerais industriais estratégicos acarretou a ampliação do investimento estrangeiro nos setores agrícola e minerário e consagrou, com as políticas do "novo extrativismo", a reprimarização das economias latino-americanas, impedindo a recuperação das políticas industriais abandonadas nos anos 1990.[26] O "novo extrativismo" não

---

[25] Sobre o "novo extrativismo", vide, por todos, VELT-MEYER, Henry; PETRAS, James (orgs.). The new extractivism: a post-neoliberal development model or imperialism of the twenty-first century? London/New York: Zed Books. 2015: James PETRAS; Henry VELTMEYER (orgs.). Extractive imperialism in the Americas: capitalism's new frontier. Chicago, Haymarket Books, 2015 e Maristella SVAMPA, As Fronteiras do Neoextrativismo na América Latina cit., pp. 24-35. Há, ainda, autores que utilizam a experiência do "novo extrativismo" como um exemplo paradigmático do que seria uma característica extrativista intrínseca ao próprio capitalismo e que se evidenciaria ainda mais na atual fase do desenvolvimento capitalista. Vide, nesse sentido, MEZZADRA, Sandro; NEILSON, Brett. *The politics of operations:* excavating contemporary capitalism. Durham/London: Duke University Press, 2019, pp. 38-48 e 133-167.

[26] Para os desafios da reestruturação da política industrial brasileira na atualidade, rebatendo também os defensores do futuro do

passa, assim, de uma nova forma de subordinação da estratégia de desenvolvimento dos países latino-americanos aos fluxos do comércio internacional.

No contexto do "novo extrativismo", os governos ditos progressistas que assumiram o poder no Brasil em 2003 não alteraram nada do que foi feito no período anterior em relação aos recursos minerais. Embora existissem reivindicações pela revisão das privatizações e até pela reestatização da Companhia Vale do Rio Doce, nada foi modificado. O debate sobre a apropriação do excedente das atividades de exploração de petróleo e recursos minerais só ganhou novo alento com as descobertas das jazidas petrolíferas do pré-sal, anunciadas em 2006.

Nesse contexto, com a Lei n. 12.351, de 22 de dezembro de 2010, o regime de exploração e produção do petróleo e gás natural das jazidas do pré--sal e nas áreas consideradas estratégicas pelo Poder

---

Brasil como sendo o grande fornecedor de alimentos e produtos primários para a economia mundial, vide CASTRO, Antônio Barros de. "From semi-stagnation to growth in a sino-centric market". Revista de Economia Política, vol. 28, n. 1, janeiro/março de 2008, pp. 9-27. Ainda sobre o papel da China na re-primarização das economias latino-americanas, vide SVAMPA, Maristella. *As Fronteiras do Neoextrativismo na América Latina:* conflitos socioambientais, giro ecoterritorial e novas dependências. São Paulo: Elefante, 2019, pp. 126-131.

## CAPÍTULO II - O ESTADO COMO VETOR DO ATRASO: AS POLÍTICAS DE DESMONTE

Executivo passaram do contrato de concessão para o contrato de partilha de produção (artigo 3º da Lei n. 12.351/2010). No modelo de partilha de produção, a proposta é considerada mais vantajosa de acordo com o critério da oferta de maior excedente em óleo para a União, ou seja, da parcela da produção a ser repartida entre a União e o contratado, cujo percentual mínimo é proposto pelo Ministério das Minas e Energia ao Conselho Nacional de Política Energética (artigos 2º, III, 10, III, 'b' e 18 da Lei n. 12.351/2010). A Petrobrás era a operadora de todos os blocos contratados sob o regime de partilha de produção, com participação mínima assegurada de 30% nos consórcios de exploração, podendo essa participação mínima ser ampliada a partir de proposta do Ministério das Minas e Energia ao Conselho Nacional de Política Energética (artigos 4º, 10, III, 'c', 19, 20 e 30 da Lei n. 12.351/2010). A União também pode contratar a estatal diretamente, sem licitação, para realizar estudos exploratórios (artigo 7º, parágrafo único da Lei n. 12.351/2010) ou para explorar e produzir em casos em que seja necessário preservar o interesse nacional e o atendimento dos objetivos da política energética (artigos 8º, I e 12 da Lei n. 12.351/2010).[27]

---

[27] Para uma análise sobre as jazidas do pré-sal e seu regime de exploração, vide BERCOVICI, Gilberto. *Direito Econômico do petróleo e dos recursos minerais*. São Paulo: Quartier Latin, 2011,

# GILBERTO BERCOVICI
## JOSÉ AUGUSTO FONTOURA COSTA

Um dos problemas criados com a aprovação da Lei n. 12.351/2010 é o da existência de um modelo dual de exploração do petróleo e do gás natural no país, com áreas submetidas ao regime jurídico do contrato de partilha de produção (Lei n. 12.351/2010) e áreas submetidas ao regime jurídico do contrato de concessão (Lei n. 9.478/1997). Essa sobreposição de regimes jurídicos não traz nenhum benefício ao país. A melhor alternativa seria a unificação do modelo de exploração dos recursos petrolíferos, de preferência sob um regime adequado ao texto constitucional, que manteria o domínio da União sobre os recursos petrolíferos, conforme determinam os artigos 20, IX e 177 da Constituição de 1988.

Efetivamente, muito pouco foi feito entre 2003 e 2016 para ampliar o controle nacional sobre os recursos naturais estratégicos. Não bastasse isso, os governos brasileiros instaurados a partir do golpe de 2016 buscaram, em sua ânsia de agradar os mercados, implantar uma política de desnacionalização do que restou em poder do Estado extremamente rápida e agressiva. Desde a retirada da Petrobrás como

---

pp. 318-325 e SAUER, Ildo L.; RODRIGUES, Larissa Araújo. "Pré-Sal e Petrobras além dos discursos e mitos: disputas, riscos e desafios". *Estudos Avançados*. vol. 30, n. 88, 2016, pp. 185-229.

## CAPÍTULO II - O ESTADO COMO VETOR DO ATRASO: AS POLÍTICAS DE DESMONTE

operadora única do pré-sal (Lei n. 13.365, de 29 de novembro de 2016), os ativos da empresa estatal vêm sendo vendidos sem licitação, como determina a legislação brasileira (Plano Nacional de Desestatização – Lei n. 9.491, de 9 de setembro de 1997 e o artigo 29 da Lei nº 13.303, de 30 de junho de 2016).[28]

A Petrobrás não precisa vender ativos para reduzir seu nível de endividamento. Ao contrário, na medida em que vende ativos ela reduz sua capacidade de pagamento da dívida no médio prazo e desestrutura sua cadeia produtiva, em prejuízo à geração futura de caixa, além de assumir riscos empresariais desnecessários. O plano de negócios atual da Petrobrás tem viés de curtíssimo prazo e ignora a essência de uma empresa integrada de energia que usa a verticalização em cadeia para equilibrar suas receitas, compensando a inevitável variação do preço do petróleo, de seus derivados e da energia elétrica, característica essencial

---

[28] Sobre a inconstitucionalidade de algumas dessas medidas, vide LIMA, Paulo César Ribeiro; LIMA, Pedro Garrido da Costa. *A ilegalidade das vendas de ativos e a desintegração da Petrobras*. Brasília: Consultoria Legislativa da Câmara dos Deputados, 2016; BERCOVICI, Gilberto. "A inconstitucionalidade do regime de desinvestimento de ativos das sociedades de economia mista (Decreto nº 9.188, de 1º de novembro de 2017)". *Revista de Direito da ADVOCEF,* n. 28, maio de 2019, pp. 29-44 e LIMA, Paulo César Ribeiro. *Análise da constitucionalidade e da legalidade das privatizações na Petrobras*. Curitiba: Appris, 2020.

para minimizar os riscos empresariais. Na medida em que a Petrobrás seja fatiada, o agente privado tende a buscar o lucro máximo por negócio, majorando os custos ao consumidor, o que restringe o crescimento do mercado interno.

Estamos vivenciando, ainda, uma política de substituição do monopólio estatal por monopólios privados, o que é absolutamente vedado pelo artigo 173, § 4º da Constituição de 1988.[29] É exemplar o que ocorre na infraestrutura de gasodutos. Atividade tipicamente monopolista, as redes de gasoduto do Sudeste e do Nordeste, que incorporam um enorme investimento histórico da Petrobrás, estão integradas à empresa pela própria natureza do serviço que prestam. Da mesma forma, as refinarias, monopólio constitucional e legal da União, após uma intervenção totalmente inconstitucional do órgão de defesa da concorrência, serão transferidas para a constituição de monopólios privados.

---

[29] Artigo 173, § 4º da Constituição de 1988: *"A lei reprimirá o abuso do poder econômico que vise à dominação dos mercados, à eliminação da concorrência e ao aumento arbitrário dos lucros"*. O artigo 173, § 4º da constituição fundamenta a política de defesa da concorrência no Brasil. O texto constitucional, ao reprimir não o poder econômico, mas o abuso do poder econômico, acaba por entender abuso do poder econômico como um desvio da função do poder econômico que objetiva dominar os mercados, eliminar a concorrência e aumentar arbitrariamente os lucros.

## CAPÍTULO II - O ESTADO COMO VETOR DO ATRASO: AS POLÍTICAS DE DESMONTE

Não bastasse a ausência de licitação, a venda de ativos da Petrobrás vem ocorrendo a preços bem abaixo dos preços de mercado. Esse tipo de "venda" pode ser equiparada ao crime de receptação. Um bem público foi subtraído do patrimônio público de forma ilegal, sem licitação, e vendido a preço vil, por um preço que é menor do que o valor de mercado. A empresa compradora obviamente sabe que está adquirindo um ativo valiosíssimo por um preço mais baixo e sem concorrência pública. Ou seja, não há nenhum terceiro de boa-fé envolvido nesse tipo de negócio. Nessa situação, a obrigação do Estado brasileiro e dos órgãos de defesa do patrimônio público é anular a transação, recuperar o bem sem indenização e buscar a responsabilização de quem promoveu o negócio.[30]

---

[30] No mesmo sentido, vide SAMPAY, Arturo Enrique. "Gobierno de facto y conversión de bienes nacionalizados en bienes privados". *In:* SAMPAY, Arturo Enrique. *Constitución y pueblo.* reimpr. da 2ª Ed. Merlo: Ediciones Instituto Superior Dr. Arturo Jauretche, 2012, pp. 122-125. Os autores deste texto postularam o mesmo entendimento em artigo publicado em 08 de maio de 2017. Vide BERCOVICI, Gilberto; COSTA, José Augusto Fontoura. "Os aproveitadores, os entreguistas e a receptação internacional". *Conversa afiada,* 2017. Disponível em: https://www.conversaafiada.com.br/economia/nao-compre-nada-do-parente-vai-ser-tudo-renacionalizado. Acesso em: 20 maio 2021.

# GILBERTO BERCOVICI
## JOSÉ AUGUSTO FONTOURA COSTA

Com as privatizações e o desmonte do Estado, a burguesia nacional abriu mão de qualquer papel relevante na formação nacional. Como bem disse Frantz Fanon, "a burguesia nacional descobre que tem a missão histórica de servir de intermediária".[31] Ela se limita a ser a cadeia de transmissão entre o capital internacional e os recursos estratégicos nacionais.[32]

O problema central é o fato de que a soberania do Estado brasileiro, como soberania de um Estado periférico, é uma *soberania bloqueada*, ou seja, enfrenta severas restrições externas e internas que a impedem de se manifestar em toda sua plenitude. Desse modo, a constante pressão das forças políticas populares é fundamental para que o Estado possa atuar no sentido de levar a soberania popular às suas últimas consequências e superar a barreira do subdesenvolvimento.

---

[31] No original: "*La bourgeoisie nationale se découvre la mission historique de servir d'intermédiaire*". *In:* FANON, Frantz. *Les damnés de la terre*. Paris: Éditions La Découverte, 2002, p. 148.

[32] FANON, Frantz. *Les damnés de la terre*. Paris: Éditions La Découverte, 2002, pp. 148-151.

# capítulo 3

# o bloqueio da Soberania e o Direito Internacional

Todo o sentido do direito internacional decorre da soberania dos Estados, compreendida como pressuposto fático e jurídico da independência e da vedação da intervenção estrangeira, bem como da igualdade interestatal. Ainda que hoje se reconheça um núcleo de *jus cogens* imune à vontade estatal, cujos contornos materiais são extremamente imprecisos, é impossível afastar a plena legitimidade do integral controle sobre a economia nacional.

Há cem anos o direito internacional aceitava, sem maiores dificuldades, o domínio colonial e a existência de práticas e acordos capazes de incorporar as diferenças de poder e manifestar validamente o *status* superior das principais potências e seus nacionais. Soberania, em sua plena acepção, era apenas para um punhado de países europeus e, ainda que como membro tardio do clube, os Estados Unidos. Hoje essa estrutura não pode mais ser aceita, não apenas em termos políticos, mas em termos jurídicos.[33]

Viola o bom senso imaginar que tal transformação tenha sido fruto da generosidade e bondade das potências coloniais. Foi o resultado de novos arranjos de poder, sobretudo no segundo pós-guerra, inclusive: (a) o interesse estadunidense em obter acesso a recursos naturais e mercados sem as restrições das preferências coloniais, (b) a tensão geopolítica Leste-Oeste e a busca de influência inclusive por meio do apoio a grupos revolucionários e anticoloniais e (c) a articulação dos países do Terceiro Mundo, sobretudo a partir da Conferência de Bandung (1955) e do Movimento dos Não Alinhados.

---

[33] Em sentido contrário, vide a posição de SCHWARTZENBERGER, Georg, "The principles and standards of international economic law". *Recueil des Cours de l'Academie de Droit International de la Haye.* vol. 117, 1966, p. 32: "*Actually, the position in internacional law is simple enough. Under international customary law, sovereign States are free to limit the exercise of their sovereignty or transform thenselves into dependent States on the level of international or national law. In other words, international customary law lacks any rules of jus cogens, preventing the curtailment or abandonment of its sovereignty by any subject of international law*".

## CAPÍTULO III - O BLOQUEIO DA SOBERANIA E O DIREITO INTERNACIONAL

Nesse contexto, a propósito, o direito ganha espaço por meio da institucionalização internacional. As Nações Unidas são estruturadas a partir da Conferência de Dumbarton Oaks, onde se reúnem China, Estados Unidos, Grã-Bretanha e União Soviética, culminando com a aprovação da Carta das Nações Unidas por cinquenta países, em São Francisco, em abril de 1945. É significativo mencionar o primeiro princípio expressamente reconhecido: a igualdade soberana entre todos os seus membros (artigo 2, 1), sendo importantes complementos a proibição do uso da força contra a integridade territorial e a independência política de qualquer Estado (artigo 2, 4) e a exclusão de qualquer intervenção "em assuntos que dependam essencialmente da jurisdição de qualquer Estado" (artigo 2, 7). Já aí, portanto, se fixam os alicerces da integral competência do direito interno para estruturar com independência a sua ordem econômica.

Em aspectos especificamente econômicos é possível destacar quatro eventos: (i) cria-se o sistema de Bretton Woods, composto pelo Fundo Monetário Internacional (FMI) e pelo Banco Internacional de Reconstrução e Desenvolvimento (BIRD), instituição matriz do Grupo Banco Mundial; (ii) organiza-se a liberalização internacional do comércio por meio do Acordo Geral sobre Tarifas e Comércio (GATT); (iii) articula-se na Assembleia Geral das

## GILBERTO BERCOVICI
## JOSÉ AUGUSTO FONTOURA COSTA

Nações Unidas (AGNU) a "Nova Ordem Econômica Internacional" (NOEI) e (iv) surgem formas difusas de proteção internacional dos investimentos estrangeiros. A estrutura institucional criada abria espaço para a implementação das políticas dos países industrializados nos âmbitos restritos do BIRD, GATT e FMI, enquanto esses interagiam com os países socialistas e os do Terceiro Mundo no âmbito das Nações Unidas.

O quadro geopolítico geral impossibilitou a continuidade do emprego do sistema jurídico interno das antigas metrópoles como aplicável aos investimentos feitos por seus nacionais no exterior. Do mesmo modo, a condução pelos Estados de origem dos investimentos da proteção diplomática e do uso de retaliações perderam o sentido em face dos riscos de acirramento das tensões políticas. Nos interstícios da tensão Leste-Oeste, como resultado do movimento de descolonização e de afirmação da soberania econômica, verificaram-se diversas nacionalizações de investimentos originários de países industrializados, sobretudo no campo da exploração de recursos naturais e da implementação de infraestrutura. Não poucos investidores e políticos se sentiam saudosos da "diplomacia das canhoneiras" ("*gunboat diplomacy*").

Enquanto se enfraquecia a defesa pelo Estado de origem dos investidores ainda não havia uma

## CAPÍTULO III - O BLOQUEIO DA SOBERANIA E O DIREITO INTERNACIONAL

estrutura institucional internacionalizada capaz de estabelecer e impor regras sobre a expropriação e as indenizações devidas. Ao mesmo tempo, houve inúmeras nacionalizações e socializações no contexto da descolonização e de novas revoluções populares. O antigo consenso sobre a proteção da proprieda-de colapsara, dando início à busca de novas formas de proteção dos ativos estrangeiros e das alternativas de manutenção do domínio econômico. O tema foi levado à AGNU, mas o incremento do número de novos membros fazia a balança de um órgão plenário e com votos por Estado, sem qualquer ponderação, pender para os países do Terceiro Mundo. O último documento a respeito do qual se obteve um amplo consenso na Assembleia Geral das Nações Unidas foi a Resolução 1803 (XVII),[34] reafirmando a *soberania permanente sobre os recursos naturais*, ainda que vincu-lada a um dever de indenizar e à possibilidade de, esgotados os recursos internos do Estado receptor do investimento, levar-se o litígio a tribunais interna-cionais (artigo 4).

Na prática, diferentes setores adotaram estrutu-ras de negócios capazes de possibilitar a continuidade

---

[34] SCHRIJVER, Nico. *Sovereignty over natural resources:* bal-ancing rights and duties. Cambridge/New York: Cambridge University Press, 2008, pp. 3-7, 20-25, 49-51, 57-76, 84-92, 260-266, 269-274, 278-297, 308-319, 339-364 e 369-371.

do predomínio das grandes empresas, situadas nos países industrializados. As concessões em regime de *enclave* foram sendo substituídas por acordos de fornecimento e de prestação de serviços e transferência de tecnologia, mediante os quais se remuneravam as empresas detentoras do *know how* e dos acessos a mercados consumidores. A exploração dos recursos e a implementação de infraestrutura nos países do Terceiro Mundo foi, além disso, financiada pelas grandes instituições bancárias e levou, em poucos anos, ao aprofundamento do endividamento público nos mais diversos países. O que havia sido recuperado por meio da independência e revolução foi escoando por entre os dedos, por meio de acordos públicos com aparência de contratos privados.

Esse foi o primeiro dos dois grandes movimentos de transfiguração jurídica voltados a proteger investidores e investimentos. Difundiu-se a tese da natureza jurídica privada dos atos estatais realizados no campo econômico, como se a concessão de campos de exploração de petróleo fosse equivalente à compra de batatas fritas. Afastadas as imunidades de jurisdição e execução, a cena era ocupada por arbitragens privadas de natureza contratual. O segundo movimento foi marcado pela articulação jurídico-institucional de um campo específico do direito internacional: o direito de proteção dos investimentos estrangeiros.

## CAPÍTULO III - O BLOQUEIO DA SOBERANIA E O DIREITO INTERNACIONAL

Em linhas muito gerais, depois de impossibilitado o acesso político à proteção diplomática, partiu-se do argumento da pouca capacidade técnica dos direitos nacionais dos países em desenvolvimento para afirmar a necessidade de apelo a princípios internacionais.[35] Formalmente, as questões migraram das disputas entre Estados para disputas entre investidores e Estados, ainda que princípios de direito internacional fossem constantemente aplicados.[36]

Não era difícil reconhecer uma espécie de limbo jurídico: nem direito interno (pelas fontes),

---

[35] No *Caso Sheik of Abu Dhabi*, o árbitro Lord Asquith of Bishopstone declara que seria *"fantasioso sugerir que nessa região muito primitiva houvesse algum corpo assentado de princípios jurídicos aplicáveis à interpretação de instrumentos comerciais modernos"*. Cf. ASQUITH OF BISHOPSTONE. "Award of lord asquith of bishopstone". *International and Comparative Law Quarterly*, vol. 1, n. 2, 1952, pp. 247-261. Designação do caso: *"Petroleum development (Trucial Coast) Ltd. v. Sheikh of Abu Dhabi (1951)"*.

[36] No caso *Ruler of Qatar* (1953) adotaram-se "princípios gerais de direito"; no caso *Aramco* (1963), o direito da Arábia Saudita foi limitado por "princípios gerais de direito"; no caso *Sapphire* (1963), a ausência de cláusula determinando o direito aplicável foi interpretada como apontando para os "princípios gerais de direito". Nesse sentido, vide LEBEN, Charles. "La Théorie du Contrat d'État et l'Évolution du Droit International des Investissements". *Recueil des Cours de l'Academie de Droit International de la Haye*. vol. 302, 2003, pp. 223-225.

nem direito internacional público (pelo foro arbitral). A saída pela via privada, cuja principal herança é a afirmação de uma nova *lex mercatoria*,[37] abrangeu propostas como as de Alfred Verdross,[38] Francis A. Mann,[39] Maurice Bourquin[40] e Prosper Weil,[41] todas, ainda que por caminhos diferentes, indicando a criação de um sistema próprio, cuja solução das controvérsias escaparia tanto dos ordenamentos internos dos Estados envolvidos, quanto do direito internacional.

---

[37] COSTA, José Augusto Fontoura. "Há mesmo uma nova *Lex Mercatoria?* Uma abordagem crítica à Teoria Jurídica das relações negociais Internacionais". *Revista Fórum de Direito Financeiro e Econômico,* n. 1, março/agosto de 2012, pp. 289-309.

[38] VERDROSS, Alfred. "The status of foreign private interests stemming from economic development agreements with arbitration clauses". *Österreichische zeitschrift für öffentliches recht,* n. 9, 1958-1959, pp. 449-454.

[39] MANN, Francis A. "The proper law of contracts concluded by international persons". *British Yearbook of International Law,* n. 35, 1959, pp. 34-57.

[40] BOURQUIN, Maurice. "Arbitration and economic development agreements". *The Business Lawyer,* n. 15, 1960, pp. 860-872.

[41] WEIL, Prosper. "Problèmes relatifs aux contrats passés entre un État et un particulier". *Recueil des Cours de l'Academie de Droit International de la Haye.* vol. 128, 1969, pp. 95-240.

## CAPÍTULO III - O BLOQUEIO DA SOBERANIA E O DIREITO INTERNACIONAL

Era fora do terreno teórico da articulação discursiva da legitimidade técnica e jurídica do afastamento das imunidades soberanas em razão da natureza equivalente à privada da atuação negocial dos Estados, porém, que se davam as maiores conquistas. Essas derivam da efetiva captura dos ganhos resultantes da extração e venda dos recursos naturais por meio da substituição das concessões e atuação direta de empresas estrangeiras por (a) contratos de assistência técnica, (b) contratos de risco para a prospecção, (c) *joint ventures* para explotação e beneficiamento, (d) aumento dos preços de logística e transporte e, sobretudo (e) financiamento setorial e extrassensorial de atividades públicas e governamentais, gerando um crescente endividamento.[42]

Aí, a capacidade de impor as estruturas relacionais plasmadas nos instrumentos contratuais não deriva da validade ou legitimidade jurídicas, mas do exercício efetivo de posições econômicas. Estados e empresas estatais dependiam da inserção em cadeias

---

[42] PETER, Wolfgang. *Arbitration and renegotiation of international investment agreements*. Dordrecht: Martinus Nijhoff Publishers, 1986 e COSTA, José Augusto Fontoura. "Proteção internacional do investimento estrangeiro no Mercosul". *GEDAI,* 2012. Disponível em: http://www.gedai.com.br/wp-content/uploads/2014/07/protecao_internacional_do_investimento_estrangeiro_no_mercosul_-_final_web_1.compressed.pdf. Acesso em: 20 maio 2021.

## GILBERTO BERCOVICI
## JOSÉ AUGUSTO FONTOURA COSTA

de distribuição e da disponibilidade de outros ativos imateriais, com destaque para o *know how* e a tecnologia. Um modo de descrever isso menciona o estabelecimento de interesses compartilhados e a elevação de custos de transação como origem da robustez relacional dos negócios. Outra narrativa reafirma as necessidades de seguir atuando em setores dominados por empresas multinacionais como forçando os atores públicos a se adaptarem e a se submeterem a novas formas de dependência.

Não apenas no setor de exploração de recursos naturais, mas também na implementação de infraestrutura, a dependência tecnológica e a necessidade de financiamentos internacionais públicos e privados também imprimiram sua marca. Esses padrões de relacionamento dependente mantiveram a litigiosidade relativamente baixa, não sem a cooperação de governos pós-coloniais institucionalizados e com interesse na inserção política e econômica no capitalismo global.

Do outro lado, a via da institucionalização pública passou a criar tratados internacionais de proteção de investimentos, por décadas limitados a instrumentos bilaterais, e um sistema de arbitragem de investimentos consagrado na Convenção de Washington de 1965, a qual deu origem ao Centro Internacional para a Solução de Disputas sobre

## CAPÍTULO III - O BLOQUEIO DA SOBERANIA E O DIREITO INTERNACIONAL

Investimentos, que compõe o Grupo Banco Mundial. Não cabe, aqui, descrever detalhadamente esse campo,[43] embora seja interessante mencionar que, apesar de criado nos anos 1960, o crescimento da utilização efetiva do sistema de solução de controvérsias só se verificou cerca de trinta anos depois, quando o quadro geopolítico se transformou profundamente.[44]

Nas duas primeiras décadas a partir de seu aparecimento, os acordos internacionais de proteção de investimentos estrangeiros se concentravam em duas principais finalidades: (a) o estabelecimento de noções de expropriação ajustadas aos interesses dos investidores estrangeiros e (b) a consagração de um sistema de arbitragem mista, ou seja, de investidores contra Estados. Mais tarde, a inclusão de coberturas mais amplas e exigências de padrões ambientais e trabalhistas mínimos se incorporaram aos documentos.

---

[43] Vide, para detalhamento, COSTA, José Augusto Fontoura. *Direito Internacional do investimento estrangeiro*. Curitiba: Juruá, 2011. Para uma análise bem estruturada, vide HARTEN, Gus van. *Investment treaty arbitration and public law*. Oxford: Oxford University Press, 2007.

[44] Para uma discussão datada do início do fenômeno, vide COSTA, José Augusto Fontoura. "CIADI y arbitraje en contratos con el Estado". *In:* BIOCCA, S. M. (org.). *Jurisdicción Internacional en las relaciones jurídicas y económicas en que el Estado es parte*. Bahía Blanca: EdiUNS, 2006, pp. 45-80.

# GILBERTO BERCOVICI
## JOSÉ AUGUSTO FONTOURA COSTA

Importa, por ora, concentrar a análise na noção de expropriação.[45]

A noção mais tradicional de expropriação, informada pela ideologia burguesa de naturalização das relações de propriedade, referia-se à transferência da titularidade de propriedade de particulares para o Estado ou entidades estatais. Nesse sentido, o documento que inspirou os primeiros acordos internacionais de proteção de investimentos, o Esboço de Convenção sobre a Proteção da Propriedade Estrangeira da OCDE (Organização para a Cooperação e o Desenvolvimento Econômico)[46] ainda falava expressamente apenas de "propriedade".[47]

---

[45] Para uma exposição em algum detalhe, veja-se SCHREUER, Christopher H. "The concept of expropriation under the ETC and other investment protection treaties". *TDM* 5, 2005. Disponível em: www.transnational–dispute-management.com/article.asp?key=596. Acesso em: 20 maio 2021.

[46] "OECD draft convention on the protection of foreign proper". Paris: *Organisation for Economic Co-operation and Development*, 1967.

[47] Nesse documento, porém, a noção de propriedade é ampliada nos comentários ao Artigo 3, que trata da expropriação, cf. "OECD draft convention on the protection of foreign proper". Paris: *Organisation for Economic Co-operation and Development*, 1967. p. 18: "*Article 3 refers to property in general. This term is used in the Convention in the widest sense and includes contractual rights*". Além disso, no texto do próprio esboço há, no Artigo 9 (c)

## CAPÍTULO III - O BLOQUEIO DA SOBERANIA E O DIREITO INTERNACIONAL

Desde sua origem, deve-se ressaltar, os acordos internacionais de investimentos trataram de se distanciar das noções normais para as substituir por definições favoráveis aos particulares. Por isso a exigência convencionada de que a regularidade da expropriação dependia de esta (a) ser realizada conforme o interesse público, (b) de modo não discriminatório, (c) conforme os procedimentos legais pertinentes e (d) mediante compensação pronta, justa e efetiva.

A indicação do interesse público tem a inocente aparência de uma obviedade. Afinal de contas, quem defenderia a hipótese de licitude de expropriações que atendam a outros tipos de interesses? A sutileza, não obstante, é a de submeter a um juízo arbitral internacional a avaliação e verificação do interesse público a partir dos próprios termos do tratado, pois é lá que o conceito aparece. Em outras palavras, o controle da legalidade e da oportunidade da expropriação passava a ser objeto de avaliação por um tribunal estranho à estrutura institucional interna

---

a definição de propriedade como compreendendo "*all property, rights and interests, whether held directly or indirectly, including the interest which a member of a company is deemed to have in the property of the company*". *In:* "OECD draft convention on the protection of foreign proper". Paris: *Organisation for Economic Co-operation and Development*, 1967, p. 41.

do Estado. A consequência da constatação de expropriação sem interesse público é a exigibilidade do pagamento de perdas e danos na forma de valores a serem agregados à compensação pelos ativos perdidos.

Um aspecto normalmente destacado nos textos dos acordos é a exigência de não haver discriminação. Trata-se de noção relativamente ampla, complementada pelas cláusulas referentes a tratamento nacional (discriminação do estrangeiro em relação aos nacionais do Estado) e nação mais favorecida (discriminação do estrangeiro em relação a estrangeiros de outras nacionalidades) ainda que, ao menos em tese, nada obste haver discriminação entre dois estrangeiros da mesma nacionalidade. Aqui, também, surge a noção de indenizações superiores às simples compensações exigíveis por expropriações legítimas.

Ao tratamento da expropriação que contrarie as exigências jurídicas pertinentes aplicam-se, *mutatis mutandis*, as mesmas observações feitas a respeito do interesse público: submissão do tema a árbitros fora do sistema jurisdicional do Estado e padrões indenizatórios mais elevados em razão da incorporação de perdas e danos. Por fim, o padrão de compensação pela propriedade estabelecido nos acordos toma como base o valor de mercado do investimento, anterior à notícia da expropriação. O pagamento deve ser pronto (imediatamente após a expropriação), justo (conforme o valor de mercado imediatamente

## CAPÍTULO III - O BLOQUEIO DA SOBERANIA E O DIREITO INTERNACIONAL

anterior ao anúncio da expropriação) e efetivo (em moeda livremente conversível), o chamado *Hull standard*.[48]

A consagração de padrões elevados para o cálculo e a efetivação das compensações era complementada, nos acordos elaborados e impostos por países industrializados, pela ampliação da hipótese normativa das regras definidoras de "expropriação". Nesse sentido, o termo deixa de se referir exclusivamente à propriedade para abranger, também, quaisquer ativos, inclusive posições contratuais, ativos imateriais e expectativas de benefícios futuros. O conceito também é expandido para ir além da transferência da titularidade de ativos de particulares para o Estado, de maneira a abranger qualquer forma de perda de valor de ativos.

É por isso que os acordos cuidam das formas indiretas de expropriação, as quais se tornaram mais comuns com o passar do tempo e receberam vários nomes e formas: "expropriação gradual" (*creeping expropriation*),[49] quando os investidores estrangeiros

---

[48] O padrão Hull recebeu essa denominação em homenagem a Cordell Hull, Secretário de Estado americano de 1933 a 1944 e laureado com o Prêmio Nobel da Paz.

[49] Uma definição clássica pode ser encontrada em "OECD draft convention on the protection of foreign proper". Paris:

eram afastados por várias medidas sucessivas (por exemplo: aumento de tributos, proibição de vistos, proibição de renovações de licenças etc.); "medidas equivalentes" à expropriação (*measures tantamout to*), referindo-se a quaisquer modos indiretos, sem o caráter gradual; e a desapropriação regulatória (*regulatory taking*), cobrindo até mesmo os casos em que há mera perda do valor de ativos em razão de atividade administrativa do Estado.

Fica claro, portanto, o viés dos acordos internacionais de proteção de investimentos estrangeiros. Nada, porém, indica a recepção dos elevados padrões de proteção e das redefinições de categorias jurídicas pelo direito internacional costumeiro. A própria celebração de acordos nesse sentido, tendo em vista o princípio da limitação subjetiva dos tratados internacionais, revela a intenção de criar regimes próprios de proteção. A inexistência de uma convenção multilateral universal em matéria de proteção

---

Organisation for Economic Co-operation and Development, 1967, p. 19: "*Article 3 is meant to cover 'creeping nationalisation', recently practised by certain States. Under it, measures otherwise lawful are applied in such a way as to deprive ultimately the alien of the enjoyment or value of his property, without any specific act being identifiable as outright deprivation. As instances, may be quoted excessive or arbitrary taxation; prohibition of dividend distribution coupled compulsory loans; imposition of administrators; prohibition of dismissal of staff; refusal to access to raw materials or of essential export or import licences*".

## CAPÍTULO III - O BLOQUEIO DA SOBERANIA E O DIREITO INTERNACIONAL

dos investimentos estrangeiros aponta, igualmente, para a inexistência de qualquer consenso internacional para qualquer ampliação costumeira da proteção para além daquilo que foi consagrado nos instrumentos da "Nova Ordem Econômica Internacional".

É importante observar: os elementos conceituais dos regimes jurídicos postos pelos tratados de proteção de investimentos são profundamente avessos às concepções de investimento e expropriação favoráveis à posição dos países em desenvolvimento, eventualmente interessados em nacionalizar a exploração de seus recursos naturais ou a oferta de infraestrutura. Articulam os institutos com a superficialidade da presunção de continuidade funcional entre a ordem interna liberal e os atos estatais constitutivos da soberania econômica: ao fim, resta o sofisma da reedição da proteção contra a Administração Pública em um campo internacional,[50] onde não há poder estatal a ser contrarrestado por mecanismos de proteção do cidadão. Não obstante, a noção econômica das nacionalizações, devidamente contextualizadas, devem ser diferenciadas tanto da tradicional analogia com a propriedade privada, quanto da nova analogia, com a proteção contra os excessos do Estado.

---

[50] HARTEN, Gus Van; LOUGHLIN, Martin. "Investment treaty arbitration as a species of global administrative law". *European Journal of International Law*. vol. 17, n. 1, 2006, pp. 121-150.

Esse duplo movimento de afastamento do direito internacional geral em favor de um sistema privado de proteção dos investimentos (reestruturação dos modelos contratuais, uso de princípios internacionais e arbitragem privada) e de um direito especial de proteção do investimento estrangeiro (tratados bilaterais de investimento e arbitragem investidor/Estado) deixou campo para novos desenvolvimentos, sobretudo a partir da atividade da Assembleia Geral das Nações Unidas, do Conselho Econômico e Social das Nações Unidas (ECOSOC) e da Conferência das Nações Unidas para o Comércio e o Desenvolvimento (UNCTAD). Desses trabalhos surgiu a "Nova Ordem Econômica Internacional" (NIEO). Os documentos centrais da instituição da "Nova Ordem Econômica Internacional" pelas Nações Unidas foram a Declaração para o Estabelecimento de uma Nova Ordem Econômica Internacional, o Programa de Ação para o Estabelecimento de uma Nova Ordem Econômica Internacional e a Carta de Direitos e Deveres Econômicos dos Estados.[51]

---

[51] A Carta de Direitos e Deveres Econômicos dos Estados afirma a soberania econômica dos Estados (artigos 2.1 e 7), prevê o direito de os Estados regularem o capital estrangeiro (artigo 2.2, 'a' e 'b' ), dispõe novamente sobre as expropriações e nacionalizações (artigo 2.2, 'c'), garante o direito aos Estados de organizarem associações de países produtores, como a Organização dos Países Exportadores de Petróleo (artigo 5), o direito

## CAPÍTULO III - O BLOQUEIO DA SOBERANIA E O DIREITO INTERNACIONAL

Mesmo que se argumente, não sem alguma razão, haver ampla ineficácia dos instrumentos da "Nova Ordem Econômica Internacional", deve-se ressaltar *a inexistência da articulação de novos direitos de proteção dos investidores e investimentos estrangeiros no direito internacional geral, bem como a evidente recusa de recepção do conjunto principiológico e normativo orientador de relações coloniais, no qual se fundava a proteção da propriedade privada e a consideração de padrões de tratamento mínimo do estrangeiro relativamente amplos,* herança dos regimes de capitulação. É possível afirmar categoricamente: *não existe um direito costumeiro de proteção dos investimentos estrangeiros que tenha absorvido os padrões existentes na maior parte dos tratados sobre o tema.*[52] A própria questão da indenização, conforme os textos normativos da "Nova Ordem Econômica Internacional" e a prática internacional consolidada, indica sua exigibilidade, mas a inexistência de um padrão de compensação integral.[53] Como os padrões

---

ao desenvolvimento científico e tecnológico (artigo 13), entre várias outras medidas.

[52] COSTA, José Augusto Fontoura. *Direito Internacional do investimento estrangeiro*. Curitiba: Juruá, 2011, pp. 171-174.

[53] Mesmo a conservadora Rosalyn Higgins admite expressamente a necessidade de contratualizar a arbitragem e o padrão de compensação, dada a inexistência de critérios conducentes à indenização integral no direito internacional. Cf. HIGGINS,

## GILBERTO BERCOVICI
## JOSÉ AUGUSTO FONTOURA COSTA

mínimos de tratamento do estrangeiro foram, talvez integralmente, absorvidos pela exigência de dignidade humana da construção do Sistema Internacional de Direitos Humanos, pouco resta do direito dos investimentos estrangeiros no direito internacional geral, talvez apenas o princípio da soberania permanente sobre os recursos naturais.

Deve-se, ainda, observar o fato de a propriedade representar um papel de menor importância na composição dos direitos humanos internacionalmente reconhecidos. Se, como observado, o campo material do *jus cogens* internacional é bastante impreciso, um dos instrumentos mais adequados à sua delimitação é a Declaração Universal dos Direitos Humanos, aprovada pela Assembleia Geral das Nações Unidas em dezembro de 1948 mediante a Resolução 217/A. É, portanto, relevante compreender a noção de propriedade protegida em seu restritivo artigo 17, cujo texto declara: "*1. Toda pessoa, individual ou coletiva, tem direito à propriedade. 2. Ninguém pode ser arbitrariamente privado da sua propriedade*".

A construção desse dispositivo e a discussão do direito à propriedade aponta para uma solução de

---

Rosalyn. "The taking of property by the State: recent developments in international law". *Recueil des Cours de l'Académie de Droit International de la Haye*. vol. 176, 1982, pp. 259-392.

# CAPÍTULO III - O BLOQUEIO DA SOBERANIA E O DIREITO INTERNACIONAL

compromisso entre países socialistas e capitalistas e, desse modo, admitindo uma amplíssima variedade de formas de exercício individual e coletivo, bem como a possibilidade de justificar a tomada de propriedade com referência a diversas razões, inclusive a busca de benefícios coletivos. Nessa sistemática, como o próprio processo de negociação do texto revela, o papel do Estado na fixação das formas de aquisição, exercício e destituição da propriedade é praticamente ilimitado[54]. Nesse cenário, a própria imposição de um modelo dominante de propriedade e de garantias de sua imutabilidade não teria apoio nesses direitos fundamentais; pelo contrário, tenderia à sua violação.

O Brasil jamais aderiu ao sistema de proteção de investimentos mediante os tratados e a arbitragem entre investidores e Estados. Embora tenha se vinculado por uma série de acordos de cooperação e facilitação de investimentos, firmados a partir de 2015, é impossível interpretá-los como um ato de aproximação dos mecanismos de proteção dos acordos mais comuns. Em particular, a possibilidade de arbitragem de investimentos ficou, aí, claramente afastada.

---

[54] Para uma descrição das escolhas referentes ao texto do artigo 17 da Declaração Universal dos Direitos Humanos, vide MORSINK, Johannes. *The Universal Declaration of Human Rights*: origins, drafting and intent. Philadelphia: University of Pennsylvania Press, 1999, pp. 139-156.

# capítulo 4
# a retomada do desenvolvimento e a nacionalização

A superação do subdesenvolvimento significa a construção de um Estado nacional verdadeiramente autônomo, o que implica na remoção de obstáculos internos, enfrentando as classes economicamente dominantes, e externos, rompendo com a situação de dependência. O desenvolvimento não é mero crescimento econômico, pois envolve transformações estruturais profundas. Se não ocorrem essas transformações, não se trata de desenvolvimento, mas de mera modernização, que apenas assimila o progresso técnico, mantendo as estruturas de dominação social e econômica e perpetuando o subdesenvolvimento. É necessário, portanto, uma política deliberada de desenvolvimento, um projeto político mobilizador.[55] E as nacionalizações fazem parte essencial desse projeto político emancipatório.

O fundamento da nacionalização é a soberania, é um ato por meio do qual o Estado exprime sua soberania. A principal justificativa para a nacionalização está na compreensão da independência política como independência econômica. O Estado é entendido como o principal instrumento para superar os obstáculos econômicos e sociais no sentido da promoção dos direitos de todos os cidadãos. A democracia política é, portanto, indissociável da democracia econômica e social. A nacionalização é um ato de soberania econômica, é a expressão do direito de autodeterminação econômica do Estado, cujo fundamento jurídico é a soberania compreendida como o poder estatal de criar o ordenamento jurídico sobre o seu território. Trata-se, assim, da liberdade de cada Estado soberano de organizar o seu próprio sistema econômico e social. Em suma,

---

[55] FURTADO, Celso. *Teoria e Política do Desenvolvimento Econômico*. 10ª Ed. Rio de Janeiro: Paz e Terra, 2000, pp. 102-104, 265, 281 e 283-290; FURTADO, Celso. *Brasil:* a construção interrompida. 2ª Ed. Rio de Janeiro: Paz e Terra, 1992, pp. 39-48, 57 e 74-75 e SICSÚ, João. "A construção de uma estratégia de desenvolvimento". *In:* SICSÚ, João; CASTELAR, Armando (orgs.). *Sociedade e Economia: estratégias de crescimento e desenvolvimento*. Brasília: IPEA, 2009, pp. 22-24.

## CAPÍTULO IV - A RETOMADA DO DESENVOLVIMENTO E A NACIONALIZAÇÃO

a nacionalização é uma expressão da política econômica do Estado.[56]

A nacionalização, segundo Konstantin Katzarov, consiste na transferência à coletividade, geralmente na pessoa do Estado, de bens e de atividades que passam a ser utilizados no interesse coletivo.[57]

---

[56] AGUAYO, Leopoldo González. *La nacionalización de bienes extranjeros en América Latina*. México: Universidad Nacional Autónoma de México, 1969, pp. 33-34; MONREAL, Eduardo Novoa. *Nacionalización y recuperación de recursos naturales ante la Ley Internacional*. México: Fondo de Cultura Económica, 1974, pp. 37 e 65-69; SANSO, Benito. *Aspectos jurídicos de la nacionalización de la industria del hierro en Venezuela*. Caracas: Editorial Jurídica Venezolana, 1977, pp. 15-16; CHENOT, Bernard. *Les Entreprises Nationalisées*. 7ª Ed. Paris: PUF, 1983, pp. 7, 25-28 e 122 e BEAUD, Olivier. "Nationalisations et souveraineté de l'État". *Histoire@Politique: politique, culture, société,* n. 24, setembro/dezembro de 2014, pp. 72, 75-76 e 80-85.

[57] KATZAROV, Konstantin. *Théorie de la nationalisation*. Paris: Éditions de la Baconnière, 1960, pp. 1-2, 17, 25-27, 123-124, 203 e 226-227. Vide também CHENOT, Bernard. *Organisation économique de l'État*. 2ª Ed. Paris: Dalloz, 1965, pp. 357-358; AGUAYO, Leopoldo González. *La nacionalización de bienes extranjeros en América Latina*. México: Universidad Nacional Autónoma de México, 1969, pp. 17-18; SAMPAY, Arturo Enrique. "Gobierno de facto y conversión de bienes nacionalizados en bienes privados". *In:* SAMPAY, Arturo Enrique. *Constitución y pueblo*. reimpr. da 2ª Ed. Merlo: Ediciones Instituto Superior Dr. Arturo Jauretche, 2012, pp. 121-122; MONREAL, Eduardo Novoa. *La batalla por el cobre: comentarios y documentos*. Santiago de Chile: Quimantu, 1972, pp. 160-164;

# GILBERTO BERCOVICI
## JOSÉ AUGUSTO FONTOURA COSTA

Toda nacionalização envolve uma série de atos jurídicos: da transferência de propriedade à organização do setor nacionalizado, sua coordenação e planejamento, entre outros.[58] A nacionalização diz respeito a categorias de propriedade ou de atividades que, em

---

MONREAL, Eduardo Novoa. *Nacionalización y recuperación de recursos naturales ante la ley internacional.* México: Fondo de Cultura Económica, 1974, pp. 49-51; VIGORITA, Vincenzo Spagnuolo. "Nazionalizzazione, disciplina interna". *In:* VIGORITA, Vincenzo Spagnuolo. *Opere Giuridiche 1954-1994.* vol. II. Napoli: Editoriale Scientifica, 2001, pp. 481; SANSO, Benito. *Aspectos jurídicos de la nacionalización de la industria del hierro en Venezuela.* Caracas: Editorial Jurídica Venezolana, 1977, pp. 12-13; CHENOT, Bernard. *Les Entreprises Nationalisées,* 7ª Ed. Paris: PUF, 1983, pp. 11 e 18-21 e BEAUD, Olivier. "Nationalisations et Souveraineté de l'État", *Histoire@Politique:* Politique, Culture, Société, n. 24, setembro/dezembro de 2014, pp. 75-76. Katzarov tenta estabelecer a distinção entre nacionalização e estatização, sendo a primeira a transferência dos bens e meios de produção para a coletividade e a segunda para o Estado. Entendemos que essa distinção não faz sentido. Vide KATZAROV, Konstantin. *Théorie de la nationalisation.* Paris: Éditions de la Baconnière, 1960, pp. 216-223. No mesmo sentido de não existir diferença entre a nacionalização e a estatização, vide BEAUD, Olivier. "Nationalisations et souveraineté de l'État". *Histoire@Politique:* Politique, Culture, Société, n. 24, setembro/dezembro de 2014, pp. 77-78.

[58] KATZAROV, Konstantin. *Théorie de la nationalisation.* Paris: Éditions de la Baconnière, 1960, p. 227 e SANSO, Benito. *Aspectos jurídicos de la nacionalización de la industria del hierro en Venezuela.* Caracas: Editorial Jurídica Venezolana, 1977, pp. 13-14.

# CAPÍTULO IV - A RETOMADA DO DESENVOLVIMENTO E A NACIONALIZAÇÃO

virtude de sua natureza ou importância, não devem ser objeto de apropriação privada, mas do Estado.[59] Embora implique na transferência da propriedade de meios de produção e de troca para serem utilizados no interesse coletivo pelo Estado, a nacionalização não significa necessariamente uma ruptura com o sistema capitalista ou com a iniciativa econômica privada.[60]

Na América Latina, o fundamento das nacionalizações, segundo Katzarov, está na noção de função social da propriedade. Foi com base nessa concepção que os países latino-americanos puderam nacionalizar vários setores e indústrias, modificando as estruturas sociais internas e buscando reduzir a influência econômica estrangeira, sem necessariamente

---

[59] KATZAROV, Konstantin. *Théorie de la nationalisation*. Paris: Éditions de la Baconnière, 1960, pp. 42, 203-204, 206-207 e 226; SANSO, Benito. *Aspectos jurídicos de la nacionalización de la industria del hierro en Venezuela*. Caracas: Editorial Jurídica Venezolana, 1977, pp. 71-73 e CHENOT, Bernard. *Les entreprises nationalisées*. 7ª Ed. Paris: PUF, 1983, pp. 13-17.

[60] KATZAROV, Konstantin. *Théorie de la nationalisation*. Paris: Éditions de la Baconnière, 1960, pp. 15-16 e 135; CHENOT, Bernard. *Organisation économique de l'État*. 2ª Ed. Paris: Dalloz, 1965, pp. 360-365 e MONREAL, Eduardo Novoa. *Nacionalización y recuperación de recursos naturales ante la ley internacional*. México: Fondo de Cultura Económica, 1974, pp. 32-33.

# GILBERTO BERCOVICI
## JOSÉ AUGUSTO FONTOURA COSTA

pretender uma efetiva socialização da economia.[61] Arturo Sampay vai além e ressalta a importância das nacionalizações como uma forma de combate ao poder econômico do capital estrangeiro e das grandes empresas transnacionais.[62]

A nacionalização tem proximidades com a desapropriação, mas com ela não se confunde. A nacionalização em geral se aplica a setores econômicos inteiros, não exclusivamente a bens individualizados. Disso decorre o caráter geral e impessoal da nacionalização, enquanto a desapropriação sempre tem por objeto um bem individualizado e definido que se revela necessário à coletividade por uma razão determinada. No caso da nacionalização, a decisão é uma decisão soberana e a aquisição por parte do Estado é uma aquisição originária: o Estado se torna proprietário dos bens nacionalizados não em virtude de um ato de transferência, mas em virtude da lei.[63]

---

[61] KATZAROV, Konstantin. *Théorie de la nationalisation*. Paris: Éditions de la Baconnière, 1960, pp. 125-126.

[62] SAMPAY, Arturo Enrique. "La reforma de la constitución de Chile y el artículo 40 de la Constitución Argentina de 1949". *In:* SAMPAY, Arturo Enrique. *Constitución y Pueblo*, reimpr. da 2ª Ed. Merlo: Ediciones Instituto Superior Dr. Arturo Jauretche, 2012, pp. 137-139 e 141.

[63] KATZAROV, Konstantin. *Théorie de la nationalisation*. Paris: Éditions de la Baconnière, 1960, pp. 207-212; CHENOT,

## CAPÍTULO IV - A RETOMADA DO DESENVOLVIMENTO E A NACIONALIZAÇÃO

Nem todo texto constitucional prevê expressamente a possibilidade de nacionalizar um determinado setor ou atividade econômica. As constituições contemporâneas costumam prever a propriedade limitada ou funcionalizada e as possibilidades de o Estado exercer atividades econômicas.[64] A falta de

---

Bernard. *Organisation économique de l'État*. 2ª Ed. Paris: Dalloz, 1965, pp. 374-375; AGUAYO, Leopoldo González. *La nacionalización de bienes extranjeros en América Latina*. México: Universidad Nacional Autónoma de México, 1969, pp. 23-28; MONREAL, Eduardo Novoa. *La batalla por el cobre:* comentarios y documentos. Santiago de Chile: Quimantu, 1972, pp. 165-170 e 184-192; MONREAL, Eduardo Novoa. *Nacionalización y recuperación de recursos naturales ante la ley internacional*. México: Fondo de Cultura Económica, 1974, pp. 44-49 e BEAUD, Olivier. "Nationalisations et Souveraineté de l'État". *Histoire@Politique:* Politique, Culture, Société, n. 24, setembro/dezembro de 2014, pp. 78-80 e 83. Não se pode confundir também nacionalização com confisco. O confisco geralmente é previsto na legisllação penal, como uma forma de punição. Vide KATZAROV, Konstantin. *Théorie de la nationalisation*. Paris: Éditions de la Baconnière, 1960, pp. 213-216 e MONREAL, Eduardo Novoa. *La batalla por el cobre:* comentarios y documentos. Santiago de Chile: Quimantu, 1972, pp. 165-166. Vide, ainda, CHENOT, Bernard. *Organisation Économique de l'État*. 2ª Ed. Paris: Dalloz, 1965, pp. 373-374.

[64] KATZAROV, Konstantin. *Théorie de la nationalisation*. Paris: éditions de la baconnière, 1960, pp. 196-198 e 204; MONREAL, Eduardo Novoa. *La batalla por el cobre:* comentarios y documentos. Santiago de Chile: Quimantu, 1972, pp. 152-153; SAMPAY, Arturo Enrique. "La reforma de la constitución de

previsão constitucional explícita não significa que aquele Estado não possa promover nacionalizações, cujo fundamento é, como afirmado acima, a própria soberania estatal.

As constituições podem indicar expressamente os bens e atividades que pertencem ao Estado ou à coletividade e, portanto, não são objeto de propriedade privada. Nesse sentido, Katzarov afirma que a própria constituição configuraria um ato de nacionalização, pois ao determinar expressamente os bens e atividades pertencentes ao Estado, eles seriam nacionalizados pelo texto constitucional, transformados em propriedade coletiva ou estatal.[65] No caso brasileiro, a Constituição de 1988 prevê os bens da União no seu artigo 20, *caput*,[66] bem como define já diversas

---

Chile y el artículo 40 de la Constitución Argentina de 1949". *In:* SAMPAY, Arturo Enrique. *Constitución y pueblo*, reimpr. da 2ª Ed. Merlo: Ediciones Instituto Superior Dr. Arturo Jauretche, 2012, p. 139 e BEAUD, Olivier. "Nationalisations et Souveraineté de l'État". *Histoire@Politique:* politique, culture, société, n. 24, setembro/dezembro de 2014, pp. 82-83.

[65] KATZAROV, Konstantin. *Théorie de la nationalisation.* Paris: Éditions de la Baconnière, 1960, p. 204.

[66] Artigo 20, *caput* da Constituição de 1988: "*São bens da União: I - os que atualmente lhe pertencem e os que lhe vierem a ser atribuídos; II - as terras devolutas indispensáveis à defesa das fronteiras, das fortificações e construções militares, das vias federais de comunicação e à preservação ambiental, definidas em lei; III - os lagos, rios e quaisquer*

## CAPÍTULO IV - A RETOMADA DO DESENVOLVIMENTO E A NACIONALIZAÇÃO

atividades como serviços públicos no próprio texto constitucional,[67] como as telecomunicações, serviço postal, serviços e instalações de energia elétrica, transportes, saneamento básico, radiodifusão, entre outros (artigos 21, X, XI e XII; 23, IX; 25, § 2º; 30, V, entre vários outros).[68] Serviço público é uma das

---

*correntes de água em terrenos de seu domínio, ou que banhem mais de um Estado, sirvam de limites com outros países, ou se estendam a território estrangeiro ou dele provenham, bem como os terrenos marginais e as praias fluviais; IV as ilhas fluviais e lacustres nas zonas limítrofes com outros países; as praias marítimas; as ilhas oceânicas e as costeiras, excluídas, destas, as que contenham a sede de Municípios, exceto aquelas áreas afetadas ao serviço público e a unidade ambiental federal, e as referidas no art. 26, II; V - os recursos naturais da plataforma continental e da zona econômica exclusiva; VI - o mar territorial; VII - os terrenos de marinha e seus acrescidos; VIII - os potenciais de energia hidráulica; IX - os recursos minerais, inclusive os do subsolo; X - as cavidades naturais subterrâneas e os sítios arqueológicos e pré-históricos; XI - as terras tradicionalmente ocupadas pelos índios".*

[67] Sobre os serviços públicos por determinação constitucional, vide BANDEIRA DE MELLO, Celso Antônio. *Curso de Direito Administrativo.* 28ª Ed. São Paulo: Malheiros, 2011, pp. 694-698. Para o debate francês, vide BELLESCIZE, Ramu de. *Les services publics constitutionnels.* Paris: L.G.D.J., 2005, pp. 1-25.

[68] Artigo 21 da Constituição de 1988: *"Compete à União: X - manter o serviço postal e o correio aéreo nacional; XI - explorar, diretamente ou mediante autorização, concessão ou permissão, os serviços de telecomunicações, nos termos da lei, que disporá sobre a organização dos serviços, a criação de um órgão regulador e outros aspectos institucionais; XII - explorar, diretamente ou mediante autorização, concessão ou permissão: a) os serviços de radiodifusão sonora, e de sons e imagens; b) os*

# GILBERTO BERCOVICI
## JOSÉ AUGUSTO FONTOURA COSTA

formas de atuação do Estado no domínio econômico, prevista expressamente no artigo 175 da Constituição de 1988.[69] Qualquer que seja a concepção de serviço

---

*serviços e instalações de energia elétrica e o aproveitamento energético dos cursos de água, em articulação com os Estados onde se situam os potenciais hidroenergéticos; c) a navegação aérea, aeroespacial e a infraestrutura aeroportuária; d) os serviços de transporte ferroviário e aquaviário entre portos brasileiros e fronteiras nacionais, ou que transponham os limites de Estado ou Território; e) os serviços de transporte rodoviário interestadual e internacional de passageiros; f) os portos marítimos, fluviais e lacustres".*

Artigo 23, IX da Constituição de 1988: *"É competência comum da União, dos Estados, do Distrito Federal e dos Municípios: IX - promover programas de construção de moradias e a melhoria das condições habitacionais e de saneamento básico".*

Artigo 25, §2º da Constituição de 1988: *"§2º - Cabe aos Estados explorar diretamente, ou mediante concessão, os serviços locais de gás canalizado, na forma da lei, vedada a edição de medida provisória para a sua regulamentação".*

Artigo 30, V da Constituição de 1988: *"Compete aos Municípios: V - organizar e prestar, diretamente ou sob regime de concessão ou permissão, os serviços públicos de interesse local, incluído o de transporte coletivo, que tem caráter essencial".*

[69] Artigo 175 da Constituição de 1988: *"Incumbe ao poder público, na forma da lei, diretamente ou sob regime de concessão ou permissão, sempre através de licitação, a prestação de serviços públicos. Parágrafo Único – A lei disporá sobre: I – o regime das empresas concessionárias e permissionárias de serviços públicos, o caráter especial de seu contrato e de sua prorrogação, bem como as condições de caducidade, fiscalização*

## CAPÍTULO IV - A RETOMADA DO
## DESENVOLVIMENTO E A NACIONALIZAÇÃO

público adotada, formal ou material,[70] o papel do Estado em sua prestação, direta ou indiretamente, faz parte do núcleo essencial da ideia de serviço público. A competência originária, a titularidade dos serviços públicos é do Estado, bem como a responsabilidade última por sua prestação. A atuação dos particulares como concessionários ou permissionários de serviço público significa que atuam como se fossem o próprio poder concedente, isto é, outorgam-se aos concessionários direitos e prerrogativas exclusivas do Estado (poder concedente), ao mesmo tempo em que os concessionários se submetem ao Estado no controle da prestação dos serviços. Em suma, o contrato de concessão de serviço público atribui a prestação

---

*e rescisão da concessão ou permissão; II — os direitos dos usuários; III — política tarifária; IV — a obrigação de manter serviço adequado".*

[70] O debate entre as várias concepções de serviço público da doutrina brasileira é influenciado de maneira marcante pelos autores franceses, especialmente Léon Duguit, Maurice Hauriou e Gaston Jèze. No Brasil, há a contraposição entre os adeptos da concepção formal de serviço público, como Celso Antônio Bandeira de Mello, e os defensores da concepção material de serviço público, como Eros Roberto Grau. Vide BANDEIRA DE MELLO, Celso Antônio. *Curso de Direito Administrativo.* 28ª Ed. São Paulo: Malheiros, 2011, pp. 678-689 e GRAU, Eros Roberto. "Constituição e Serviço Público". *In:* GRAU, Eros Roberto; FILHO, Willis Santiago Guerra (orgs.). *Direito Constitucional:* estudos em homenagem a Paulo Bonavides. São Paulo, Malheiros, 2001, pp. 249-267.

do serviço público a alguém, o concessionário, que atua em nome próprio, por sua conta e risco, nas condições e exigências do poder concedente. Como destaca Bernard Chenot, a criação de novos serviços públicos também é uma espécie de nacionalização, assim como a substituição dos concessionários privados em benefício da prestação direta por órgãos do Estado.[71]

A constituição pode, ainda, encarregar o legislador ordinário de definir os bens e atividades que devem ser nacionalizados ou transferir ao legislador a decisão de efetuar ou não as nacionalizações. O texto constitucional não necessita de uma disposição expressa sobre a nacionalização, pode ser por meio de disposições gerais que limitam a propriedade privada no interesse geral, como corolário da soberania nacional.[72] A Constituição de 1988 estrutura essa política no seu artigo 173, *caput*.[73] O artigo 173 da

---

[71] CHENOT, Bernard. *Organisation économique de l'État*. 2ª Ed. Paris: Dalloz, 1965, p. 357. Vide também SANSO, Benito. *Aspectos jurídicos de la nacionalización de la industria del hierro en Venezuela*. Caracas: Editorial Jurídica Venezolana, 1977, pp. 33-36.

[72] KATZAROV, Konstantin. *Théorie de la nationalisation*. Paris: Éditions de la Baconnière, 1960, pp. 204-205.

[73] Artigo 173, *caput* da Constituição de 1988: "*Ressalvados os casos previstos nesta Constituição, a exploração direta de atividade econômica pelo Estado só será permitida quando necessária aos imperativos*

# CAPÍTULO IV - A RETOMADA DO DESENVOLVIMENTO E A NACIONALIZAÇÃO

Constituição de 1988 diz respeito à exploração direta pelo Estado de atividade econômica, não à excepcionalidade da intervenção estatal no domínio econômico. Isto porque há vários outros casos de exploração estatal direta de atividade econômica previstos no texto constitucional (como o artigo 177 ou a possibilidade de exploração direta pelo Estado dos serviços públicos do artigo 175), cuja prestação é dever constitucional do Estado. Com a Constituição de 1988, a atuação estatal não pode ser considerada mais, segundo Fábio Konder Comparato, uma intervenção, mas o desempenho ordinário de um dever constitucional, explicitado nos princípios e diretrizes do texto da Constituição.[74] O Estado, portanto, está constitucionalmente legitimado a dirigir e a condicionar o processo de reprodução do capital.

O disposto no artigo 173 autoriza o Estado a explorar diretamente a atividade econômica quando esta for necessária aos imperativos da segurança nacional ou a relevante interesse coletivo, conforme definidos em lei. Esse dispositivo constitucional

---

*da segurança nacional ou a relevante interesse coletivo, conforme definidos em lei".*

[74] COMPARATO, Fábio Konder. "Regime constitucional do controle de preços no mercado". *Revista de Direito Público,* n. 97, janeiro/março de 1991, p. 18.

esvazia qualquer vedação da exploração direta de atividade econômica pelo Estado com base na ideia de "subsidiariedade", não incorporada pela Constituição de 1988.[75] A segurança nacional como fundamento da atuação direta do Estado na exploração de atividade econômica em sentido estrito deve ser definida por meio de lei federal, pois trata-se de assunto de competência privativa da União (artigos 21, III; 22, XXVIII e 91 da Constituição). Já a atuação direta do Estado na exploração de atividade econômica em sentido estrito fundada em relevante interesse coletivo pode ser regulada em lei federal, estadual ou municipal.

Cabe ao Estado a decisão sobre a quantidade de recursos destinada para a reprodução do capital e sobre a quantidade dirigida a atender os objetivos sociais previstos nas fórmulas emancipatórias da Constituição. O Estado pode, inclusive, retirar uma atividade econômica do mercado se esta atividade significar um obstáculo ou for necessária para a realização dos objetivos constitucionais, por meio do monopólio estatal ou do regime dos serviços públicos.

---

[75] Sobre essa a não incorporação do chamado "princípio da subsidiariedade" no texto constitucional de 1988, vide BERCOVICI, Gilberto. *Direito Econômico do petróleo e dos recursos minerais*. São Paulo: Quartier Latin, 2011, pp. 267-273.

## CAPÍTULO IV - A RETOMADA DO
## DESENVOLVIMENTO E A NACIONALIZAÇÃO

Para Vincenzo Vigorita, o momento central da nacionalização é a reserva do setor ou atividade econômica ou de uma determinada categoria de bens para o Estado, com a correspondente exclusão da possibilidade jurídica de atuação de qualquer agente econômico privado e de entes públicos diversos daquele que é o beneficiário. A reserva, que só pode ser atribuída por lei, significa o domínio integral do setor ou atividade econômica pelo Poder Público, com a instituição de um monopólio de direito[76]. O ato de reserva de uma determinada atividade ou setor econômico para o Estado é, como visto anteriormente, um ato distinto da desapropriação. A consequência da reserva é a proibição de atuação dos particulares no campo reservado ao monopólio de direito que se reserva ao Estado. A reserva de um setor econômico para o Estado não pode produzir nenhuma obrigação de indenizar os particulares que

---

[76] VIGORITA, Vincenzo Spagnuolo. "Nazionalizzazione, disciplina interna". *In:* VIGORITA, Vincenzo Spagnuolo, *Opere Giuridiche 1954-1994.* vol. II. Napoli: Editoriale Scientifica, 2001, pp. 484-486. Vide também BADURA, Peter, *Das Verwaltungsmonopol.* Berlin: Duncker & Humblot, 1963, pp. 241-242 e COMA, Martin Bassols. *Constitución y sistema económico.* 2ª Ed. Madrid: Tecnos, 1988, pp. 193-201. Para uma visão um pouco distinta, vide SANSO, Benito. *Aspectos jurídicos de la nacionalización de la industria del hierro en Venezuela.* Caracas: Editorial Jurídica Venezolana, 1977, pp. 14-15 e 71-72.

até então exerciam atividades naquela área econômica específica. Os particulares atuavam em virtude da liberdade de iniciativa econômica, não eram detentores de nenhuma situação subjetiva merecedora de proteção ou tutela estatal. O exercício da reserva por parte do Estado é um exercício legítimo da atuação estatal, tanto que deve ser fundado em lei (como determinam, por exemplo, os artigos 170, parágrafo único[77] e 173, *caput* da Constituição de 1988). A lei permitia ou não limitava a atuação privada naquele determinado setor e só a lei pode deixar de permiti-la, restringindo a atuação dos particulares por relevante interesse coletivo ou segurança nacional. O elemento expropriatório só existirá se e quando o Estado decidir se apropriar dos bens ou direitos das empresas que atuavam naquele determinado setor econômico, neste caso mediante indenização.[78]

Essa reserva de setores ou atividades econômicas para a atuação do Estado pode ser classificada, segundo Martin Bassols Coma, em três categorias: os

---

[77] Artigo 170, parágrafo único da Constituição de 1988: "Parágrafo único. *É assegurado a todos o livre exercício de qualquer atividade econômica, independentemente de autorização de órgãos públicos, salvo nos casos previstos em lei*".

[78] Vide SANSO, Benito. *Aspectos jurídicos de la nacionalización de la industria del hierro en Venezuela*. Caracas: Editorial Jurídica Venezolana, 1977, pp. 18-21 e 36-37.

## CAPÍTULO IV - A RETOMADA DO
## DESENVOLVIMENTO E A NACIONALIZAÇÃO

recursos essenciais, os serviços públicos e o monopólio propriamente dito. Os recursos essenciais são os bens materiais ou imateriais, geralmente, de domínio público, cuja individualização é objeto de legislação setorial e cuja essencialidade varia historicamente de acordo com os interesses sociais e econômicos. Os efeitos jurídicos da reserva sobre recursos essenciais se projetam na sua exploração e aproveitamento, que são subtraídos do regime da livre iniciativa privada, legitimando o Estado a assumir sua gestão empresarial direta ou permitindo a atuação dos particulares por meio de concessões administrativas. Embora não necessariamente seja um requisito formal para a essencialidade dos recursos, a propriedade dos bens legitima juridicamente sua exploração econômica. No caso dos bens de domínio público, no entanto, a dominialidade possibilita que a pesquisa, exploração e comercialização (ou qualquer das fases econômicas) seja excluída, no presente ou no futuro, da esfera de atuação dos agentes econômicos privados.[79]

O monopólio de direito é criado para a proteção do interesse público, reservando ao Estado a exclusividade daquela atividade econômica. O conceito constitucional de monopólio é de monopólio

---

[79] COMA, Martin Bassols. *Constitución y sistema económico*. 2ª Ed. Madrid: Tecnos, 1988, pp. 180-183.

estatal, ou público, nunca de monopólio privado. A distinção entre monopólio público e monopólio privado está, inclusive, vinculada aos objetivos econômicos da função de exclusividade, não ao regime jurídico propriamente dito. Não por acaso, o monopólio estatal não está submetido à legislação de defesa da concorrência, ao contrário dos monopólios privados. Além disso, o conceito constitucional de monopólio sempre se refere a um monopólio de direito, não de fato.[80] O regime de monopólio estatal é, para Eros Grau, uma forma de atuação estatal no domínio econômico por absorção, assumindo o Estado o controle integral dos meios de produção e/ou troca em determinado setor da atividade econômica em sentido estrito.[81] O monopólio estatal é um instrumento da coletividade no moderno Estado intervencionista. Trata-se de uma técnica de atuação estatal, utilizada para realizar determinada tarefa a mando do interesse público.[82]

---

[80] BADURA, Peter. *Das Verwaltungsmonopol*. Berlin: Duncker & Humblot, 1963, pp. 3-5, 7-8, 10-22 e 24-30.

[81] GRAU, Eros Roberto. *A ordem econômica na Constituição de 1988:* interpretação e crítica. 12ª ed. São Paulo: Malheiros, 2007, pp. 127-128 e 148.

[82] BADURA, Peter. *Das Verwaltungsmonopol cit.*, pp. 1, 86–95 e 281-282.

# CAPÍTULO IV - A RETOMADA DO DESENVOLVIMENTO E A NACIONALIZAÇÃO

Como bem enfatiza Katzarov, a decisão de nacionalizar não é uma decisão ordinária, mas é um "ato supremo de governo". A nacionalização é um ato de expropriação do setor privado e, simultaneamente, de apropriação pública. Desse modo, deve ser uma decisão resultante de um ato legislativo votado pelo Parlamento, não um mero ato administrativo. Obviamente, isso não significa que a decisão sobre nacionalizar não possa ser confiada à Administração, desde que por meio de autorização expressa de um ato legislativo.[83]

A política de nacionalização não é, aliás, nenhuma novidade na história brasileira. Há vários momentos em que foram realizadas nacionalizações, com maior ou menor sucesso. A nacionalização de maior impacto na economia brasileira talvez tenha sido a nacionalização do subsolo e das águas, durante o Governo Provisório de Getúlio Vargas (1930-1934).[84]

---

[83]  KATZAROV, Konstantin. *Théorie de la nationalisation*, pp. 205-206; MONREAL, Eduardo Novoa. *La batalla por el cobre cit.*, p. 164 e BEAUD, Olivier. "Nationalisations et souveraineté de l'État" *cit.*, pp. 76-80.

[84]  Vide BERCOVICI, Gilberto. *Direito Econômico do petróleo e dos recursos minerais cit.*, pp. 90-104. Nas palavras de um contemporâneo: "*Operou-se no Brasil, pela Constituição de 1934 e o Código de Minas do mesmo ano, uma das maiores revoluções em matéria de*

Outro caso de grande repercussão foi o das encampações das subsidiárias da *American & Foreign Power Company* (AMFORP) e da *International Telephone & Telegraph* (IT&T) no Rio Grande do Sul, promovidas pelo então Governador Leonel Brizola. A subsidiária da AMFORP, a Companhia de Energia Elétrica Riograndense (CEERG) foi expropriada por meio do Decreto Estadual n. 10.466, de 13 de maio de 1959. Foi efetuado um depósito em juízo do valor simbólico de um cruzeiro, justificado pelo fato de a companhia, segundo os laudos técnicos produzidos, ser devedora do Estado, em virtude da diferença entre investimentos realizados e lucros remetidos. Por sua vez, a Companhia Telefônica Nacional (CTN), subsidiária da IT&T, foi expropriada por meio do Decreto Estadual n. 13.186, de 16 de fevereiro de 1962, sendo os seus bens e patrimônio integrados à então recém-criada sociedade de economia mista estadual Companhia Riograndense de Telecomunicações (CRT).[85]

---

*propriedade privada, sem que a maioria da população desse mostra de se aperceber desta radical modificação, e, adquiriu a União patrimônio inestimável*". Cf. VIDAL, Armando. "A ordem econômica e a Reforma Constitucional". *Revista Forense*, vol. 104, outubro de 1945, p. 17.

[85] SAES, Alexandre Macchione; SASSE, Carla Muller. "A AMFORP e o Setor Elétrico Brasileiro (1926-1964)", *Anuario centro de estudios económicos de la empresa y el desarrollo*, n. 4, 2018,

# CAPÍTULO IV - A RETOMADA DO DESENVOLVIMENTO E A NACIONALIZAÇÃO

As encampações promovidas pelo Governador Brizola fizeram com que o Governo do Presidente João Goulart criasse, por meio do Decreto n. 1.106, de 30 de maio de 1962, com as modificações introduzidas pelo Decreto n. 1.164, de 08 de junho de 1962, a Comissão de Nacionalização das Empresas Concessionárias de Serviços Públicos (CONESP).[86] A CONESP deveria submeter à aprovação do Conselho de Ministros (o Brasil estava sob o regime parlamentarista, que durou de 1961 a 1963) a relação dos serviços que passariam ao regime de exploração direta, indicando a ordem de propriedade; negociaria com os representantes das empresas concessionárias as condições e a forma de reembolso ou indenização aos acionistas e fixaria as normas a serem seguidas no tombamento do patrimônio e avaliação dos ativos das empresas concessionárias. Com as idas e vindas das negociações para a aquisição das subsidiárias das empresas norte-americanas, o Presidente João Goulart, por meio do Decreto n. 51.892, de

---

pp. 132-134 e BASTOS, Lauren dos Reis. "As companhias estadunidenses nas concessões públicas: análise da encampação de serviços no Rio Grande do Sul". *Boletim Historiar*, vol. 6, n. 4, outubro/dezembro de 2019, pp. 26-29.

[86] A CONESP era composta por três membros indicados pelo Presidente da República, pelo Presidente do Banco Nacional de Desenvolvimento Econômico (BNDE) e pelo Presidente da Eletrobrás.

08 de abril de 1963, extinguiu a CONESP e criou em seu lugar uma Comissão Interministerial[87] para decidir sobre a nacionalização de empresas concessionárias que exploravam serviços públicos de energia elétrica ou telecomunicações. As negociações só deslancharam, efetivamente, após o golpe militar de 1964 e o governo militar obteve autorização, por meio da Lei n. 4.428, de 14 de outubro de 1964, para a compra de várias subsidiárias da AMFORP e da *Brazilian Electric Power Company*.[88]

Além da questão das concessionárias de energia elétrica e telecomunicações, o Governo João Goulart determinou a revisão completa de todas as concessões de exploração de recursos minerais, por

---

[87] A Comissão Interministerial era formada pelos Ministros da Fazenda, Indústria e Comércio, Guerra, Viação e Obras Públicas, Minas e Energia e pelo Consultor Geral da República.

[88] SAES, Alexandre Macchione; SASSE, Carla Muller. "A AMFORP e o Setor Elétrico Brasileiro (1926-1964)". *Anuario Centro de Estudios Económicos de la Empresa y el Desarrollo*, n. 4, 2018, pp. 134-143. As subsidiárias das multinacionais norte-americanas adquiridas pela Eletrobrás foram: Companhia Fôrça e Luz Nordeste do Brasil; Rio Grandense *Light and Power Syndicate Limited*, Companhia Central Brasileira de Fôrça Elétrica: Pernambuco *Tramways and Power Company Limited*; Companhia Energia Elétrica da Bahia; Companhia Fôrça e Luz do Paraná; Companhia Energia Elétrica Rio Grandense; Companhia Fôrça e Luz de Minas Gerais; Companhia Brasileira de Energia Elétrica e Companhia Paulista de Fôrça e Luz.

# CAPÍTULO IV - A RETOMADA DO DESENVOLVIMENTO E A NACIONALIZAÇÃO

meio do Decreto n. 53.151, de 10 de dezembro de 1963, e expropriou as refinarias privadas que existiam no país por meio do Decreto n. 53.701, de 13 de março de 1964, assinado em pleno "Comício das Reformas", poucos dias antes de sua deposição. Essas medidas foram revistas pelo governo militar, com a revogação da encampação das refinarias pelo Decreto n. 56.570, de 9 de julho de 1965, e a aprovação de um novo Código de Mineração (Decreto-Lei n. 227, de 28 de fevereiro de 1967) favorável ao capital estrangeiro[89]. Finalmente, ainda no regime militar, houve a contestada aquisição de oitenta e três por cento (83%) das ações da companhia *Light* pela Eletrobrás, em janeiro de 1979.[90]

Como demonstrado acima, não há nenhum empecilho jurídico, seja no direito internacional, seja no ordenamento constitucional brasileiro, à realização de nacionalizações ou reestatizações no Brasil. Pelo contrário, o regime constitucional de 1988 exige a atuação do Estado em vários setores econômicos e sociais, podendo o Estado atuar de

---

[89] Vide BERCOVICI, Gilberto. *Direito Econômico do petróleo e dos recursos minerais*. São Paulo: Quartier Latin, 2011, pp. 175-183.

[90] Sobre a "compra" da *Light* pelo governo militar brasileiro, vide especialmente FIALHO, A. Veiga. *A compra da Light:* o que todo brasileiro deve saber. Rio de Janeiro: Civilização Brasileira, 1979, pp. 74-97, 105-148 e 173-188.

forma exclusiva ou não, a depender das exigências constitucionais ou da decisão legislativa. Se a Argentina, cuja constituição é uma constituição tipicamente liberal, promulgada em 1853, pôde realizar a reestatização da YPF (*Yacimientos Petrolíferos Fiscales*), empresa estatal petroleira criada em 1922 e privatizada em 1999, por meio da Lei n. 26.471, de 03 de maio de 2012, a *"Ley de Soberanía Hidrocarburífera"*,[91] com muito mais fundamento constitucional pode o Estado brasileiro promover nacionalizações quando julgar necessário.

Desde 2006, a América Latina presenciou novas nacionalizações ou reestatizações de empresas estratégicas, especialmente nos setores de mineração e petróleo. A reafirmação do papel do Estado nesses setores também buscou uma ampliação da contribuição das empresas privadas, nacionais ou estrangeiras, para a renda nacional e para o processo

---

[91] Vide SABBATELLA, Ignacio. "La nueva YPF y el fin del paradigma neoliberal". *Revista Batalla de Ideas,* n. 3, maio de 2012, pp. 215-219; SERRANI, Esteban. "Transformaciones recientes en la industria petrolera Argentina: el caso de yacimientos petrolíferos fiscales, 1989-2012". *Revista de Gestión Pública.* vol. II, n. 1, janeiro/junho de 2013, pp. 249, 262-264 e 271-275 e BONNEFOY, Pascale. "Argentina: la expropiación de Repsol-YPF". *Estudios Internacionales,* n. 184, 2016, pp. 41-42, 45-58 e 65-67.

## CAPÍTULO IV - A RETOMADA DO
## DESENVOLVIMENTO E A NACIONALIZAÇÃO

de desenvolvimento.[92] A nacionalização ou reestatização dos setores estratégicos para a superação do subdesenvolvimento, como petróleo, energia, água e recursos minerais é um desafio histórico que se faz necessário se quisermos aproveitar esta que, talvez, seja a última chance de termos condições efetivas e concretas para superar o subdesenvolvimento.

A defesa da soberania nacional é decisiva para a construção de uma alternativa popular e democrática.[93] A necessidade de recuperar a dimensão nacional,

---

[92] HASLAM, Paul A.; HEIDRICH, Pablo. "From neoliberalism to resource nationalism: states, firms and development". *In:* HASLAM, Paul A.; HEIDRICH, Pablo (orgs.). *The political economy of natural resources and development:* from neoliberalism to resource nationalism. London/New York: Routledge, 2016, pp. 1-11. No mesmo sentido, a favor da necessidade de renacionalização de setores estratégicos da economia, vide MITCHELL, William; FAZI, Thomas. *Reclaiming the State:* a progressive vision of sovereignty for a post-neoliberal world. London: Pluto Press, 2017, pp. 252-255. Sobre a nacionalização como uma política voltada para a transformação da vida econômica e social, vide CHENOT, Bernard. *Les entreprises nationalisées.* 7ª Ed. Paris: PUF, 1983, pp. 16-17 e 115-116.

[93] Há algumas correntes progressistas que são extremamente críticas da forma estatal, defendendo não a reconstrução do Estado nacional e a reafirmação da soberania, mas a sua superação por outras formas políticas comunitárias que não representem apenas a dominação e a verticalidade do poder. Vide, por todos, DARDOT, Pierre; LAVAL, Christian. *Dominer:* enquête sur la souveraineté de l'état en occident. Paris: La Découverte, 2020,

com a repolitização do mercado e a renacionalização da política econômica, é um pressuposto para a realização da soberania popular e o controle democrático sobre a economia.[94] O exercício da soberania popular exige, além da liberdade, a igualdade substancial dos cidadãos, vinculada a um papel ativo do Estado na remoção dos obstáculos à sua realização, como a valorização do trabalho, a redistribuição de renda e a construção da democracia econômica, buscando o desenvolvimento de um contrapoder capaz de enfrentar efetivamente o poder do capital.[95]

Só existe libertação nacional com a politização das massas, com o despertar do espírito e a conscientização de que o processo político depende de cada um

---

pp. 7-33 e 677-695. Para uma reconstrução da formação do Estado moderno e da concepção de soberania popular em sentido contraposto às posições de Dardot e Laval, vide BERCOVICI, Gilberto. *Soberania e Constituição:* para uma crítica do constitucionalismo. 3ª Ed. São Paulo: Quartier Latin, 2020.

[94] AMIN, Samir. *La Souveraineté au Service des Peuples/L'Agriculture Paysanne, la Voie de l'Avenir!* Genève: CETIM, 2017, pp. 14-15, 17-18 e 48-49; MITCHELL, William; FAZI, Thomas. *Reclaiming the State:* a progressive vision of sovereignty for a post-neoliberal world. London: Pluto Press, 2017, pp. 158 e 267 e SOMMA, Alessandro. *Sovranismi:* stato, popolo e conflitto sociale. Roma: DeriveApprodi, 2018, pp. 115-117 e 138.

[95] SOMMA, Alessandro. *Sovranismi:* stato, popolo e conflitto Sociale. Roma: DeriveApprodi, 2018, pp. 27-28, 48-52 e 58.

## CAPÍTULO IV - A RETOMADA DO DESENVOLVIMENTO E A NACIONALIZAÇÃO

e de todos.[96] Nas palavras precisas de Fanon: "Politizar as massas é tornar a nação global presente para cada cidadão. É fazer da experiência da nação a experiência de cada cidadão".[97] E complementa mais adiante: "A expressão viva da nação é a consciência em movimento do conjunto do povo. É a práxis coerente e esclarecida dos homens e das mulheres. A construção coletiva de um destino é assumir uma responsabilidade perante a dimensão da história. (...) O governo nacional, se quiser ser nacional, deve governar para o povo e pelo povo, para os deserdados e pelos deserdados".[98]

Um projeto nacional soberano implica na concepção de um conjunto de políticas nacionais coerentes, capazes de construir um sistema produtivo

---

[96] FANON, Frantz. *Les damnés de la terre*. Paris: Éditions La Découverte, 2002, pp. 187-193.

[97] No original: "*Politiser les masses, c'est rendre la nation globale présente à chaque citoyen. C'est faire de l'expérience de la nation l'expérience de chaque citoyen*". In: FANON, Frantz. *Les damnés de la terre*. Paris: Éditions La Découverte, 2002, p. 189.

[98] No original: "*L'expression vivante de la nation c'est la conscience en mouvement de l'ensemble du peuple. C'est la praxis cohérent et éclairée des hommes et des femmes. La construction collective d'un destin, c'est l'assomption d'une responsabilité à la dimension de l'histoire. (...) Le gouvernement national, s'il veut être national, doit gouverner par le peuple et pour le peuple, pour les déshérités et par les déshérités*" in FANON, Frantz. *Les damnés de la terre*. Paris: Éditions La Découverte, 2002, p. 193.

industrial integrado e relativamente autônomo e de estruturar uma agricultura forte, fundada no acesso à terra e voltada para o atendimento das necessidades da sociedade nacional. O objetivo é a garantia do progresso social e da democracia econômica, cujos pilares são a nacionalização ou socialização de parcela dos meios de produção, com a expansão do papel do Estado no domínio econômico e social e a planificação da economia, submetendo a política econômica a um controle efetivamente público.[99]

A reestatização ou nacionalização é, assim, a reafirmação da soberania econômica, o que, em uma democracia verdadeira, é sinônimo de soberania popular. Soberania econômica e soberania popular não significam apenas que o poder emana do povo, mas também que este povo tem direito à terra, tem direito aos frutos do seu trabalho e tem direito ao excedente produzido pela exploração dos recursos naturais, que são públicos, portanto, de sua titularidade, bem como o direito de decidir por si mesmo sobre o seu presente e sobre o seu futuro.

---

[99] AMIN, Samir. *La souveraineté au service des peuples/l'agriculture paysanne, la voie de l'avenir!*. Genève: CETIM, 2017, pp. 42-44; MITCHELL, William; FAZI, Thomas. *Reclaiming the State:* a progressive vision of sovereignty for a post-neoliberal world. London: Pluto Press, 2017, p. 264 e SOMMA, Alessandro. *Sovranismi:* stato, popolo e conflitto sociale. Roma: DeriveApprodi, 2018, pp. 53-55.

# referências bibliográficas

AGUAYO, Leopoldo González. *La nacionalización de bienes extranjeros en América Latina*. México: Universidad Nacional Autónoma de México, 1969.

AMIN, Samir. *La souveraineté au service des peuples/ l'agriculture paysanne, la voie de l'avenir!* Genève: CETIM, 2017.

ASQUITH OF BISHOPSTONE, "Award of lord asquith of bishopstone". *International and Comparative Law Quarterly*, vol. 1, n. 2, 1952, pp. 247-261.

BADURA, Peter. *Das verwaltungsmonopol*. Berlin: Duncker & Humblot, 1963.

BANDEIRA DE MELLO, Celso Antônio. *Curso de Direito Administrativo*. 28ª Ed. São Paulo: Malheiros, 2011.

BASTOS, Lauren dos Reis. "As companhias estadunidenses nas concessões públicas: Análise da Encampação de Serviços no Rio Grande do Sul". *Boletim Historiar*, vol. 6, n. 4, outubro/dezembro de 2019, pp. 18-33.

BEAUD, Olivier, "Nationalisations et souveraineté de l'État". *Histoire@Politique: Politique, Culture, Société*, n. 24, setembro/dezembro de 2014, pp. 72-87.

BELLESCIZE, Ramu de. *Les services publics constitutionnels*. Paris: L.G.D.J., 2005.

BERCOVICI, Gilberto. "Os princípios estruturantes e o papel do Estado". *In:* CARDOSO Jr., José Celso (org.), *A Constituição Brasileira de 1988 revisitada:* recuperação histórica e desafios atuais das políticas públicas nas áreas econômica e social. Brasília: IPEA, vol. 1, 2009, pp. 255-291.

BERCOVICI, Gilberto. *Soberania e Constituição:* para Uma Crítica do Constitucionalismo. 3ª Ed. São Paulo: Quartier Latin, 2020.

BERCOVICI, Gilberto. *Direito Econômico do petróleo e dos recursos minerais*. São Paulo: Quartier Latin, 2011.

BERCOVICI, Gilberto. "A inconstitucionalidade do regime de desinvestimento de ativos das sociedades de economia mista (Decreto n° 9.188, de 1° de novembro de 2017)". *Revista de Direito da ADVOCEF*, n. 28, maio de 2019, pp. 29-44.

BERCOVICI, Gilberto; COSTA, José Augusto Fontoura. "Os aproveitadores, os entreguistas e a receptação internacional". *Conversa afiada*, 2017. Disponível em: https://www.conversaafiada.com.br/economia/nao--compre-nada-do-parente-vai-ser-tudo-renacionalizado. Acesso em: 20 maio 2021.

## REFERÊNCIAS BIBLIOGRÁFICAS

BERCOVICI, Gilberto; MASSONETTO, Luís Fernando. "A Constituição dirigente invertida: a blindagem da constituição financeira e a agonia da Constituição Econômica". *Boletim de Ciências Económicas*, vol. 49. Coimbra: Universidade de Coimbra, 2006, pp. 57-77.

BERNAL, Federico. *Petróleo, Estado y Soberanía:* hacia la Empresa Multiestatal Latinoamericana de Hidrocarburos. Buenos Aires: Biblos, 2005.

BIONDI, Aloysio. *O Brasil privatizado:* um balanço do desmonte do Estado. São Paulo: Editora da Fundação Perseu Abramo, 1999.

BONNEFOY, Pascale. "Argentina: la expropiación de Repsol-YPF". *Estudios Internacionales,* n. 184, 2016, pp. 39-73.

BOURQUIN, Maurice. "Arbitration and economic development agreements". *The Business Lawyer,* n. 15, 1960, pp. 860-872.

BUTLER, Stuart. "Privatization: a strategy to cut the budget". *Cato Journal*, vol. 5, n. 1, 1985, pp. 325-335.

CASTRO, Antonio Barros de. "From semi-Stagnation to growth in a sino-Centric market". *Revista de Economia Política*, vol. 28, n. 1, janeiro/março de 2008, pp. 3-27.

CHENOT, Bernard. *Organisation économique de l'État.* 2ª Ed. Paris: Dalloz, 1965.

CHENOT, Bernard. *Les entreprises nationalisées.* 7ª Ed. Paris: PUF, 1983.

COMA, Martin Bassols. *Constitución y sistema económico*. 2ª Ed. Madrid: Tecnos, 1988.

COMPARATO, Fábio Konder. "Regime Constitucional do Controle de Preços no Mercado". *Revista de Direito Público*, n. 97, janeiro/março de 1991, pp. 17-28.

COSTA, José Augusto Fontoura. "CIADI y Arbitraje en Contratos con el Estado". *In*: BIOCCA, S. M. (org.). *Jurisdicción internacional en las relaciones jurídicas y económicas en que el Estado es parte*. Bahía Blanca: EdiUNS, 2006, pp. 45-80.

COSTA, José Augusto Fontoura. *Direito Internacional do investimento estrangeiro*. Curitiba: Juruá, 2011.

COSTA, José Augusto Fontoura. "Há mesmo uma nova *Lex Mercatoria*? Uma abordagem crítica à teoria jurídica das relações negociais internacionais". *Revista Fórum de Direito Financeiro e Econômico*, n. 1, março/agosto de 2012, pp. 289-309.

COSTA, José Augusto Fontoura. "Proteção internacional do investimento estrangeiro no Mercosul". *GEDAI*, 2012. Disponível em: http://www.gedai.com.br/wp-content/uploads/2014/07/protecao_internacional_do_investimento_estrangeiro_no_mercosul_-_final_web_1.compressed.pdf. Acesso em: 20 maio 2021.

DARDOT, Pierre; LAVAL, Christian. *Dominer:* enquête sur la souveraineté de l'État en occident. Paris: La Découverte, 2020.

FANON, Frantz. *Les damnés de la terre*. Paris: Éditions La Découverte, 2002.

# REFERÊNCIAS BIBLIOGRÁFICAS

FEROLLA, Sergio Xavier; METRI, Paulo. *Nem todo o petróleo é nosso*. Rio de Janeiro: Paz e Terra, 2006.

FIALHO, A. Veiga. *A compra da Light:* o que todo brasileiro deve saber. Rio de Janeiro: Civilização Brasileira, 1979.

FIORI, José Luís. "Reforma ou sucata? O dilema estratégico do setor público brasileiro". *In:* FIORI, José Luís. *Em busca do dissenso perdido:* ensaios críticos sobre a festejada crise do Estado. Rio de Janeiro: Insight, 1995, pp. 97-119.

FURTADO, Celso. *Desenvolvimento e subdesenvolvimento*. 5ª Ed. Rio de Janeiro: Contraponto/Centro Internacional Celso Furtado de Políticas para o Desenvolvimento, 2009.

FURTADO, Celso. *Teoria e política do desenvolvimento econômico*. 10ª Ed. Rio de Janeiro: Paz e Terra, 2000.

FURTADO, Celso. *Brasil:* a construção interrompida. 2ª Ed. Rio de Janeiro: Paz e Terra, 1992.

GIRVAN, Norman. *Corporate imperialism:* conflict and expropriation – transnational corporations and economic nationalism in the third world. New York/London: Monthly Review Press, 1976.

GRAU, Eros Roberto. *A ordem econômica na constituição de 1988:* interpretação e crítica. 12ª Ed. São Paulo: Malheiros, 2007.

GRAU, Eros Roberto. "Constituição e serviço público". *In:* GRAU, Eros Roberto; GUERRA FILHO, Willis Santiago (orgs.). *Direito Constitucional:* estudos em homenagem a Paulo Bonavides. São Paulo: Malheiros, 2001, pp. 249-267.

HARTEN, Gus van. *Investment treaty arbitration and public law.* Oxford: Oxford University Press, 2007.

HARTEN, Gus Van; LOUGHLIN, Martin. "Investment treaty arbitration as a species of global administrative law". *European Journal of International Law.* vol. 17, n. 1, 2006, pp. 121-150.

HASLAM, Paul A.; HEIDRICH, Pablo. "From neoliberalism to resource nationalism: states, firms and development". *In:* HASLAM, Paul A.; HEIDRICH, Pablo (orgs.). *The political economy of natural resources and development:* from neoliberalism to resource nationalism. London/New York: Routledge, 2016, pp. 1-32.

HIGGINS, Rosalyn. "The taking of property by the state: recent developments in international law". *Recueil des cours de l'academie de Droit International de la Haye.* vol. 176, 1982, pp. 259-392.

HIRSCHMAN, Albert O. "A generalized linkage approach to development, with special reference to staples". *In:* HIRSCHMAN, Albert O. *Essays in trespassing:* economics to politics and beyond. Cambridge/New York: Cambridge University Press, 2008, pp. 59-97.

# REFERÊNCIAS BIBLIOGRÁFICAS

KAHN, Si; MINNICH, Elizabeth. *The fox in the henhouse: how privatization threatens democracy*. San Francisco: Berrett-Koehler Publishers, 2005.

KATZAROV, Konstantin. *Théorie de la Nationalisation*. Paris: Éditions de la Baconnière, 1960.

LEBEN, Charles. "La théorie du contrat d'état et l'évolution du droit international des investissements". *Recueil des cours de l'academie de Droit International de la Haye*. vol. 302, 2003, pp. 200-386.

LESSA, Carlos. "Infraestrutura e logística no Brasil". *In:* CARDOSO Jr., José Celso (org.). *Desafios ao desenvolvimento Brasileiro*: contribuições do Conselho de Orientação do IPEA. vol. 1. Brasília: IPEA, 2009, pp. 77-100.

LIMA, Paulo César Ribeiro. *Análise da constitucionalidade e da legalidade das privatizações na Petrobras*. Curitiba: Appris, 2020.

LIMA, Paulo César Ribeiro; LIMA, Pedro Garrido da Costa. *A ilegalidade das vendas de ativos e a desintegração da Petrobras*. Brasília: Consultoria Legislativa da Câmara dos Deputados, 2016.

MANN, Francis A. "The proper law of contracts concluded by international persons". *British Yearbook of International Law,* n. 35, 1959, pp. 34-57.

MATTEI, Ugo. *Beni comuni:* un manifesto. 3ª Ed. Roma/Bari: Laterza, 2011.

MEZZADRA, Sandro; NEILSON, Brett. *The politics of operations:* excavating contemporary capitalism. Durham/London: Duke University Press, 2019.

MICHAELS, Jon D. *Constitutional coup:* privatization's threat to the american republic. Cambridge (Ma.). London: Harvard University Press, 2017.

MITCHELL, William; FAZI, Thomas. *Reclaiming the state:* a progressive vision of sovereignty for a post-Neoliberal world. London: Pluto Press, 2017.

MONREAL, Eduardo Novoa. *La batalla por el cobre:* comentarios y documentos. Santiago de Chile: Quimantu, 1972.

MONREAL, Eduardo Novoa. *Nacionalización y recuperación de recursos naturales ante la ley internacional.* México: Fondo de Cultura Económica, 1974.

MORSINK, Johannes. *The Universal Declaration of Human Rights*: origins, drafting and intent. Philadelphia: University of Pennsylvania Press, 1999.

OECD, *Draft convention on the protection of foreign property.* Paris: Organisation for Economic Co-operation and Development, 1967.

OTERO, Paulo. *Privatizações, reprivatizações e transferências de participações sociais no interior do sector público.* Coimbra: Coimbra Ed., 1999.

PEREIRA, Osny Duarte. "A questão mineral na constituinte". *In:* GUERREIRO, Gabriel *et al. Constituinte:* a nova política mineral. Brasília: CNPq, 1988, pp. 99-169.

PETER, Wolfgang, *Arbitration and renegotiation of international investment agreements.* Dordrecht: Martinus Nijhoff Publishers, 1986.

# REFERÊNCIAS BIBLIOGRÁFICAS

PETRAS, James; VELTMEYER, Henry (orgs.). *Extractive imperialism in the Americas:* capitalism's new frontier. Chicago: Haymarket Books, 2015.

PINHEIRO, João César de Freitas. *Companhia Vale do Rio Doce:* o engasgo dos neoliberais. Belo Horizonte: Centro de Documentação e Informação, 1996.

REIGADA, Antonio Troncoso. *Privatización, empresa pública y constitución.* Madrid: Marcial Pons, 1997.

RIBEIRO, Nelson de Figueiredo. "As macroperspectivas do Direito Minerário a partir da Nova Constituição". *Revista de Informação Legislativa,* n. 102, abril/ junho de 1989, pp. 69-76.

SABBATELLA, Ignacio. "La nueva YPF y el fin del paradigma neoliberal". *Revista Batalla de Ideas,* n. 3, maio de 2012, pp. 205-219.

SAES, Alexandre Macchione; SASSE, Carla Muller. "A AMFORP e o setor elétrico brasileiro (1926-1964)". *Anuario Centro de Estudios Económicos de la Empresa y el Desarrollo,* n. 4, 2018, pp. 111-148.

SAMPAY, Arturo Enrique. "Gobierno de facto y conversión de bienes nacionalizados en bienes privados". *In:* SAMPAY, Arturo Enrique. *Constitución y Pueblo.* reimpr. da 2ª Ed. Merlo: Ediciones Instituto Superior Dr. Arturo Jauretche, 2012, pp. 111-136.

SAMPAY, Arturo Enrique. "La reforma de la constitución de Chile y el artículo 40 de la Constitución Argentina de 1949". *In:* SAMPAY, Arturo Enrique. *Constitución y pueblo,* reimpr. da 2ª Ed. Merlo: Ediciones Instituto Superior Dr. Arturo Jauretche, 2012, pp. 137-189.

SANSO, Benito. *Aspectos jurídicos de la nacionalización de la industria del hierro en Venezuela.* Caracas: Editorial Jurídica Venezolana, 1977.

SAUER, Ildo L.; RODRIGUES, Larissa Araújo. "Pré-Sal e Petrobras além dos discursos e mitos: disputas, riscos e desafios". *Estudos Avançados.* vol. 30, n. 88, 2016, pp. 185-229.

SCHAMIS, Hector E. *Re-Forming the State:* the politics of privatization in Latin America and Europe. Ann Arbor: The University of Michigan Press, 2005.

SCHNEIDERMAN, David. *Constitutionalizing economic globalization:* investment rules and democracy's promise. Cambridge/New York: Cambridge University Press, 2008.

SCHWARTZENBERGER, Georg. "The principles and standards of international economic law". *Recueil des Cours de l'Academie de Droit International de la Haye.* vol. 117, 1966, pp. 1-98.

SERRANI, Esteban. "Transformaciones recientes en la industria petrolera Argentina: el caso de yacimientos petrolíferos fiscales, 1989-2012". *Revista de Gestión Pública.* vol. 2 n. 1, janeiro/junho de 2013, pp. 247-280.

SCHREUER, Christopher H. "The concept of expropriation under the ETC and other investment protection treaties". *TDM* 5, 2005. Disponível em: www.transnational–dispute-management.com/article.asp?key=596. Acesso em: 20 maio 2021.

# REFERÊNCIAS BIBLIOGRÁFICAS

SCHRIJVER, Nico. *Sovereignty over natural resources*: balancing rights and duties. Cambridge/New York: Cambridge University Press, 2008.

SICSÚ, João. "A construção de uma estratégia de desenvolvimento". *In:* SICSÚ, João; CASTELAR, Armando (orgs.). *Sociedade e economia:* estratégias de crescimento e desenvolvimento. Brasília: IPEA, 2009, pp. 19-27.

SOMMA, Alessandro. *Sovranismi:* stato, popolo e conflitto sociale. Roma: DeriveApprodi, 2018.

SOUZA, Washington Peluso Albino de. *Teoria da Constituição Econômica.* Belo Horizonte: Del Rey, 2002.

STARR, Paul. "The meaning of privatization". *Yale Law & Policy Review.* vol. 6, n. 1, 1988, pp. 6-41.

SVAMPA, Maristella. *As fronteiras do neoextrativismo na América Latina:* conflitos socioambientais, giro eco-territorial e novas dependências. São Paulo: Elefante, 2019.

TAVARES, Maria da Conceição. *Destruição não criadora:* memórias de um mandato popular contra a recessão, o desemprego e a globalização subordinada. Rio de Janeiro: Record, 1999.

VELTMEYER, Henry; PETRAS, James (orgs.). *The new extractivism:* a post-neoliberal development model or imperialism of the twenty-first century? London/New York: Zed Books, 2014.

VERDROSS, Alfred. "The status of foreign private interests stemming from economic development agreements with arbitration clauses". *Österreichische Zeitschrift für öffentliches Recht,* n. 9, 1958-1959, pp. 449-454.

VIDAL, Armando. "A ordem econômica e a reforma constitucional". *Revista Forense.* vol. 104, outubro de 1945, pp. 11-23.

VIGORITA, Vincenzo Spagnuolo. "Nazionalizzazione, disciplina interna". *In:* VIGORITA, Vincenzo Spagnuolo. *Opere Giuridiche 1954-1994.* vol. 2. Napoli: Editoriale Scientifica, 2001, pp. 481-506.

WEIL, Prosper. "Problèmes relatifs aux contrats passés entre un État et un particulier". *Recueil des cours de l'Academie de Droit International de la Haye.* vol. 128, 1969, pp. 95-240.

WILLIAMSON, John. "What Washington means by policy reform". *In:* WILLIAMSON, John (org.). *Latin American adjustment:* how much has happened?. Washington: Institute for International Economics, 1990, pp. 7-20.

WILLIAMSON, John. "A short history of the Washington consensus". *In:* SERRA, Narcis; STIGLITZ, Joseph E. *The Washington consensus reconsidered:* towards a new global governance. Oxford/New York: Oxford University Press, 2008, pp. 14-30.

# Notas

# Notas

# Notas

# Notas